经纬中国创始管理合伙人 张颖

无比坚信中国中长期的机会，坚信中国创始人群体的创新与坚韧。

papitube 创始人 姜逸磊（papi）

勿忘初心，自由自在。

猎豹移动创始人、CEO 傅盛

创业者挺孤独的，不图什么，就图大家在孤独的过程中，有人跟你同行。

草根创业者 安传东

与其去遵守不公平的规则，不如让自己变得更强大一些。

新氧科技创始人、CEO 金星

创业对我来讲，就是上战场！

米果文化创始人、董事长 马薇薇

因为是兴趣，所以要往死里干。

真格基金创始人 徐小平

每个创业者的眼里都散发着同样的光芒。

拉勾网创始人、董事长 许单单

每一个旧平衡的打破，都是另一个更高平衡的开始，不要胆怯动荡。

锤子科技创始人、CEO 罗永浩

创业后，你的重要问题清单中，面子连前五都排不进去。

ofo 小黄车创始人、CEO 戴威

创业就是人生，而且是一个百倍快放的人生。

51 信用卡创始人、CEO 孙海涛

坚持对的事情，自然就会踩在风口上。

皇包车旅行创始人、董事长 孟雷（左）

皇包车旅行 CEO 潘飞（右）

选择创业后，信任和爱不可辜负。

燃点

startups

正在发生的创业史

《燃点》剧组
编 著

中信出版集团 | 北京

图书在版编目（CIP）数据

燃点：正在发生的创业史 /《燃点》剧组编著. --
北京：中信出版社，2019.3
ISBN 978-7-5217-0010-7

Ⅰ.①燃…　Ⅱ.①燃…　Ⅲ.①创业—通俗读物　Ⅳ.
①F241.4-49

中国版本图书馆 CIP 数据核字（2019）第 022833 号

燃点——正在发生的创业史

编　　著：《燃点》剧组
出版发行：中信出版集团股份有限公司
（北京市朝阳区惠新东街甲 4 号富盛大厦 2 座　邮编　100029）
承 印 者：中国电影出版社印刷厂

开　　本：787mm × 1092mm　1/16　　插　　页：8
印　　张：13.5　　字　　数：121 千字
版　　次：2019 年 3 月第 1 版　　印　　次：2019 年 3 月第 1 次印刷
广告经营许可证：京朝工商广字第 8087 号
书　　号：ISBN 978-7-5217-0010-7
定　　价：45.00 元

目 录

序

让《燃点》点燃
每一个青年人心中的创业烈火

真格基金创始人、中国著名天使投资人

徐小平

1987 年，兜里装着全部家当 100 美元，我踏上了美国留学之路。说是留学，实际上是去打工。在等待录取通知书的过程中，我到了美国首都华盛顿一家中餐厅做厨房小工。

六年后，我从加拿大回国，找不到工作。跟很多满怀热情的年轻人一样，我将全部积蓄投入到人生的第一次创业中，结果却并不尽如人意。

在我人生最迷茫和最困难的时候，我收到老朋友俞敏洪的邀请，加盟了当时正高速发展的新东方。2006 年，新东方上市。与此同时，随着百度、阿里巴巴、腾讯等第一批互联网企业创业的成功实践，越来越多的年轻人回国创业，他们满怀抱负却囊中羞涩，有想法、有团队，但急需一笔启动资金。看到他们，我仿佛看到了当年的自己，我“义不容辞”地为这些年轻人提供创业启动资金，就这样后知后觉地做起了天使投资人。

尝试做了四五年的天使投资人以后，我觉得这是值得一辈子付出的事业，一个人有梦想、有才华，但是没有钱，这时我给他一点儿钱，他就有可能做成一个拥有几万员工，缴纳着亿万元税款，价值几十亿美元的公司。追求并创造这样的奇迹，是我作为天使投资人最自豪、最兴奋的事。

创业对中国人意味着什么？没有创业就没有阿里巴巴，就没有新东方，也没有真格基金——确实，真格基金也是一家创业公司，它是一家为创业公司而诞生的创业公司。

创业改变了我。我 22 岁才上大学，32 岁才出国，40 岁才踏上了参与新东方创业的坦途。今天年轻人的创业环境，跟我那时相比，不知道好了多少。有多少走投无路、一无所有的青年男女，他们怀揣着梦想来到北京，住在地下室，住在郊区违章建筑里，因为无所牵挂，投入创业大潮，成为这个时代的骄子。中国 40 年改革开放让一代青年人意识到了创业的意义——如果一个人一无所有，但是他有经验、有才华、有野心、有活力、有决心，那么在这个时代，他总能找到属于自己的那一叶轻舟，飞渡重洋。

这是最好的时代，这是最好的时代，这是最好的时代。而且，这个时代会越来越好！

做天使投资十几年，我见证了无数创业者的大起大落、梦醒梦碎。他们有人获得了奇迹般的成功，有人却殚精竭虑、壮志难酬。战争也许是以成败论英雄的，但创业不是。创业是以坚持论英雄。从当代创业者群像里，我看到一代挑战者的勇气、一代奋斗者的意志、一代创业者的才华、一代梦想者的魅力。创业给当代年轻人带来了前所未有的人生机遇。而这些年轻人，反过来也定义了这个伟大的时代。

创业是属于我们时代的共同记忆。作为局内人，我一直希望有一个角度，有一种方法，能真实地记录我身边每天都在发生的创业故事，记录这些年轻人从零开始创造历史、意图改变世界，抑或真正改变了世界的燃情时刻。

于是，我遇见了《燃点》的总导演关琇。关琇导演曾经担任最早聚焦中国创业热潮的真人秀节目《赢在中国》和《我是创始人》的总导演。她带领团队用一年多的时间跟踪拍摄，贴身记录了十多位创业者最鲜活的故事和最真实的人生，包括一家公司的危情时刻，包括创始人的艰难决定。

《燃点》是细蓝线影业出品的第一部纪实电影。在如今这样快节奏的商业时代里，这个团队愿意花很长时间，去记录创业者这个群体所经历的种种现实，他们愿意把眼光放得足够长远，去还原一些真实的创业故事，而不是简单地贩卖激情或者纯粹地追求商业回报，我觉得这是非常难能可贵的。秉承着“现实比虚构更精彩”的创作理念，熟稔镜头语言的他们甚至还孵化了 Aha 视频，用微纪录短视频的形式记录这个时代被忽视的人物和他们的真实情绪。不论电影还是短视频，那种不疾不徐、且行且思的态度，令人肃然起敬。

《燃点》记录的是这个时代正在发生的创业史。它不只是一本书，也并不仅是一部电影，它是一代青年心中高高举起、熊熊燃烧的创业火把。我期待，让《燃点》点燃每一个青年人心中的创业烈火，照亮我们的时代，照亮新经济的天空。

壹

傅盛

重回赛道

2018年3月21日，北京水立方，猎豹移动“机器人之夜”发布会上，傅盛纵身跃入泳池，现场激起的除了水花和观众的掌声，还有现场大屏幕上那句赫赫有名的话——凡是杀不死我的，都会使我更强大。

这是一位十年创业老兵的第三次绝地反击。人们猜测、调侃、质疑——猎豹移动，一个好端端做软件的公司，凭什么跑去研究硬件，还是机器人这种极端复杂又门槛奇高的领域？傅盛曾用美国前总统肯尼迪宣布美国登月计划的那场著名演讲中的一句话，解释自己投身机器人领域的初衷——“我们决定在这十年间登上月球并实现更多梦想，并非因为它们轻而易举，而是因为它们困难重重。”

十年创业，三次突破，从传统软件公司到移动互联网出海领军企业，再到如今倾全力进入AI（人工智能）领域，在人机交互这条赛道上，每一次突破都是傅盛和猎豹重新思考、发现自我的一场探险。为技术找到应用场景，用产品解决实际问题也成了傅盛带领猎豹实现非连续性创新的独特标签。

“创业就像玩得州扑克，有时候你一开盘，这个行业就没了”

在中国互联网领域，傅盛走的是一条非典型的路子。他是中国最早一代的产品经理，亲自研发出360安全卫士，创下几亿用户的奇迹，又临危受命重组金山，创办猎豹移动，独辟蹊径开拓海外市场。猎豹移动2014年就登陆纽交所，成为中国互联网公司的标杆，完成从0到1的积累。拿今天普适的价值衡量标准来看，傅盛从24岁开始的每一步，都是普通人终其一生想要追求的成就。

然而步子跨得太快，可能是运气，也可能是诅咒，尤其是企业规模越来越大的时候。

从2016年开始，猎豹的业绩增长率开始下滑，股价也随之下跌。最疯狂的时候，股价在三天跌了30%以上。傅盛特意查了一下中国概念股跌幅榜，猎豹的股价跌幅排名第二，那是“割肉一样的痛”。

傅盛不能理解。作为十几年的互联网老兵，他的核心产品Clean Master（猎豹清理大师）在软件清理这个领域已经超越了绝大部分对手；与以前相比他没有懈怠，天天盯着产品细节；招来的人才也更优秀……为什么突然不行了？这件事为什么发生在一个如此年轻、有朝气并且努力奋斗的公司身上？

他开始逼迫自己进行更深入的思考。

他一度觉得问题出在猎豹上市太早，在核心业务没有特别强的时候就被财报数据拖累。如今复盘，他把那段时期称为“一条非连续性的鸿沟”。

作为最早探路全球化的中国企业，猎豹抓住了安卓系统最初在全球爆发时的流量和广告红利，但也正因为如此，它的商业模式更脆弱。这种广告模式一旦成为稳固性业务，就很难实现爆发性增长了。

国外没有 BAT（百度、阿里巴巴、腾讯首字母缩写），但国外有脸书、谷歌。政策是这些公司对依附于它们的上下游企业的撒手锏，猎豹海外业务赖以生存的信息广告位，可以因为一条政策的发布一夜之间价值暴涨，也可以因为一条政策的发布一夜之间分文不值。就如同诺基亚高管那句名言所说的："我什么也没做错，只是因为世界变了。"

猎豹需要新的猎物。傅盛目睹过一批与猎豹同时代甚至更年轻的企业，在剧烈变化中崩盘、消失，甚至被卖掉。因此，即便只有 10% 的公司能通过转型活下来，他也要背水一战。

他在猎豹内部开始痛苦地转型。他用《亮剑》里独立团团长李云龙的一次突围解释自己的战术：分头突围，多搞队伍，自顾自先跑。

他试了很多方向：Live.me 海外直播、轻量级的小游戏、音乐社交软件 Musical.ly、AI 机器人……有的进行内部孵化，有的直接投资，还有的得益于早期布局。猎豹就这样开始了自己的第三次变革。

过去几年，中国互联网公司的多元化一直都是备受争议的话题，美团创始人王兴的无边界理论，今日头条张一鸣的四处出击，猎豹从 PC 杀毒到互联网工具 App（安装在智能手机上的软件）、再到人工智能软硬一体化的大幅度跨界，只有身处其中的创业者才能洞悉这一系列动作背后的逻辑。和张一鸣聊天时，傅盛说他发现人能够往前跳一步只有两种可能：第一，有极其伟大的梦想；第二，被逼的。张一鸣的回复是：不对，只有一种可能——被逼的，很多东西都是被逼出来的。

时至今日，傅盛也不认为猎豹已经跨越了难关，但至少成功的概率增加了。Live.me 推出 4 个月就登顶谷歌应用商店社交产品畅销榜，成为美国最大的独立直播平台；轻游戏业务在全球有 11 亿下载量，逐步构建起强大的游戏矩阵；工具业务也持续创新，在海外和国内都重新找到增长飞轮。今天的猎豹，已逐步形成了工具、互娱、AI 与投资四轮驱动的新格局。

在猎豹的转型之战中，最难的是研发机器人。从互联网工具产品到人工智能，这是一场巨大的跨界，每走一步都会面临信息的断层。“在真正做机器人后，我才理解什么叫跨界——团队成员都讲中国话，但是彼此都听不懂对方在说什么。大家的思路构架不太一样，既要让做互联网的人理解 AI 的路径思维、行业特点，又要让做 AI 的人理解互联网的思路。真正的跨界人才，目前还没出现。”

如今，猎豹在人工智能领域突破不断。在语音交互方面，作为最好的中文语音合成技术（TTS），猎户语音 OS 目前占有的中国智能语音市场份额排名第一。基于社交场景的 AI 翻译神器小豹翻译棒凭借在京东、天猫两大电商平台的优异表现，拿下了 2018 年 7 月全国线上翻译机品类的销量冠军。更值得一提的是，2018 年 8 月，猎豹移动携旗下人工智能公司猎户星空，与来自十大行业的 13 家企业签订了千台“豹小秘”机器人的意向采购订单，成为服务机器人产业在中国的破冰之举。

在一次和投资人张颖的谈话中，傅盛把创业比作打得州扑克：“打得州扑克的本质就是你不断抓牌，最后抓得一手好牌，然后把这手好牌一次性投入。创业也是这样，你并不能保证你当时的方向就是这个行业中最好的。而且有时候一开盘，这个行业正好就没了。”

这大概是大部分创业者都逃脱不掉的宿命，不管是从 0 到 1，还是从 1 到 100，就像周鸿祎在朋友圈感慨自己的“人生是失败的”，就像马化腾为越来越看不懂现在年轻人的喜好而焦虑不已。

“你没有办法避免一件事情的发生，也不可能因为你做好了一件事情，其他事情就会因此更好。有时候，过去的经验是会阻碍未来的发展的，你要学会更快地重新清空自己，然后去寻找下一块领地。”

后来，他通过更进一步思考发现，猎豹股价下跌那段时期，谷歌政策的变化只是外部环境变化的一个具象表现形式，股价下跌的真实原因是，那个时候整个移动互联网布局已经结束了。“我们在全球的安卓生态中有百分之十几的市场占有率，这引发无数中国开发者，制作了各式各样仿猎豹的 App，各种各样的清理软件都挤到谷歌排行榜去赚广告费，谷歌看到这种情况后就干脆收紧了政策。”

傅盛把自己过去三年的成长总结为理解了进化本身。直到一年前，他都是牛顿还原论的坚定支持者，认为所有的东西知道 A 就能推出 B，一切都在自己的掌控之中，努力就能成功。他进行了很长时间的心理建设才摆脱这种心理定式。他开始认识到商业和社会环境中蝴蝶效应的存在，不再相信命运，而是开始理解规律，不是和命运把手言欢，而是知道自我的努力和奋斗是不能解决一切问题的。

他开始重新思考创业的本质究竟是什么。他想起第一次见雷军时，雷军对他说的一番话：“傅盛，你知道吗，一个人要做成一件事情，其本质不在于你多强，而在于你要顺势而为，于万仞之上推千钧之石。”

对于创业者来说，努力、勤奋、坚持是基本条件，但是能赢的还是极少数。这种顺势而为的思路，他当时一直没有理解。直到经历过一次次痛苦的生死突围，他才逐渐揣摩出如何找到那块石头，去推一把，从而成为一个盖世英雄。这可能就是创业的本质。

遇到的一些困难和进入不熟悉的领域，让傅盛对自己的压迫到了自己都没想过的地步。他找各个行业的大人物进行交流：找雷军聊天，找张一鸣吃饭，参加混沌大学[①]创业营，听大师讲生物学思维模型。然后，他发现“见过那么多厉害的人以后，你会发现，其实厉害的人就是在不断改变自己”。

他也逐渐意识到，这可能是中国整个创业者群体面临的问题。“为什么很多公司跨界容易失败，因为它们的思维体系没有改变。而要改

---

① 混沌大学是一所没有围墙的互联网创新大学，隶属于上海知行明德投资管理顾问有限公司，创始人是李善友。——编者注

思维体系，不仅要求个人要改变，更要求团队做出改变。我们都要理解这个社会最根本的规律，从最底层构建思维模型，用科学的思考去面对创业。”

“重新创业，我们比任何一家创业公司都更懂套路”

30 岁以前，产品经理出身的傅盛一直有一个愿望，就是到科技创新更发达的美国去看一看。那还是一个 copy to China（复制到中国）的时代，他不甘心中国人每天努力工作，却永远只能被人说抄袭。

这个愿望在他 33 岁那年延迟实现了。硅谷、斯坦福大学、创业公司，一个一个拜访过来，他发现“美国人比我们休闲，但他们总是在想怎么去做不一样的事情。不一样的东西竞争成本最低，他们靠不停的思考和不同的路线实现了高昂人力成本下的创新”。

这场美国之旅给了他另辟蹊径进行突围的灵感，当时的他，正苦于内有金山合并融合困局，外有强大对手 360 的虎视眈眈，找不到一条突围的路子。

他思来想去，把可以匹配猎豹的创新锁定在海外。“其实我们的技术水平（与国外）已经没有什么差距了，甚至用户使用了我们的产品和海外的产品后，会觉得我们的产品做得更好。那个时候，我发现我们有机会做全球化。”

2013 年，猎豹举全公司之力拓展海外市场，代价是彻底停掉了在国内市场有几千万活跃用户的电池医生。在国内与海外市场之间，傅盛做了选择，而且是不容质疑的选择。这一仗猎豹打得很漂亮，超出了所有人的认知，Clean Master 的全球用户量从零涨到了三四亿。

经历过出海这一仗，傅盛将“突破”和“创新”这两个词铭记于心。

上市后不久，他成立了创业孵化平台——傅盛战队，后来这一平台升级为紫牛基金。他最大的诉求就是“我得看看下一代会发生什么”。紫牛基金规模不大，就是去理解当下新一批创业的年轻人在做什么。他在硅谷也投资设立了一只规模不大的基金，还到美国、以色列等地考察，希望知道哪些技术在发展，哪些创新是方向。

这种对商业创新环境的长线布点，让他在 2016 年年初就敏锐地意识到：移动互联网的格局基本定型了，互联网会变成基础产业，互联网的竞争一定是向传统行业渗透，会有新产业在互联网的基础上崛起，和猎豹同时期的科技公司会成为中国最后一批纯互联网公司。

“过去，互联网的模式是轻、快。如今的商业逻辑已经跟 20 多年前的互联网思维逻辑完全不一样了。今天，公司要尽量做重，只有做重，才能建立足够深的‘护城河’，才能生存下去，并抵挡住巨头的攻击。”

而人工智能即将成为互联网未来发展的趋势。这一判断直接引导了猎豹的机器人战略。

从 2016 年年底开始，傅盛常常提一个词：再创业。这是太早被注意到的创业者既幸福又悲哀的地方。猎豹上市后，公众只注意到猎豹通过出海找到方向，却很少想到猎豹其实是一家历史非常悠久的公司，有很多积重难返的东西，但是“一旦重新创业，我们会比任何一家创业公司都更有套路”。

“我一直都觉得我内心有极其细腻和脆弱的一面”

2017 年，傅盛在混沌大学创业营学到了对自己思维认知至关重要的一课——生物学思维模型。这个模型给他带来的启示是：理性看待创业这件事，把公司看成一个生命体，困难也好，挫折也好，都是公司必经的一个过程。

而理性，与他的天性是相反的。“小时候，我们家小猫死了，我哭了很久。我特别受不了，我的情感很脆弱。”上中学的时候，他更爱哭，受不了委屈，爸妈一说就哭。后来他解释说，自己那段时间的成长经历可能和父亲经常出差有关，他常年跟母亲生活在一起，又是独生子女，很容易有些女性化的色彩。他一直都觉得自己的内心有极其细腻和脆弱的一面。

这种细腻和脆弱，让他在经历公司重大抉择的时候，尤为痛苦。“有一段时间，每次有人离开，对我的影响都很大。后来，我就可以比较理性地面对这种情况了。我觉得，人进人出，无论是对个体进化，还是对组织进化，都是一件好事。”理解到这一层后，他才开始大刀阔斧地拆分事业部，鼓励内部创业，出售部分业务。他把机器人业务直接放到体外孵化，用投资的方式鼓励内外竞争，推进公司新陈代谢。

细腻的人，对创业孤独的理解尤深。“从创业开始，我就觉得非常孤独。你的困难是很难跟别人说的，你得自己去消化掉。你跟团队说，团队崩溃了；跟家人说，家人说别那么累，为什么要去创业；跟投资人说，投资人跑了。这也是为什么我喜欢去分享一些东西，因为我觉得创业者挺孤独的。不图什么，就图大家在孤独的行程中，有人同行。”

他在公司内部推行“门徒”计划，找十几个 90 后，每周给他们开一次会，培养他们，让他们成长，不断向外界分享自己的创业感悟。

这些向内进化的感悟，与他判断外界环境趋势的思路是一脉相承的，他正在和猎豹一起成长、进化。

2017 年最困难的时候，他去拉斯维加斯参加火人节，再度与自己对话。他发现自己的很多痛苦来自不知道真正的自我在哪里，很多时候他被社会的眼光、外在的竞争拖拽着，挣脱不得。

2018年，傅盛40岁。对于一个男人来说，这是一个重要的时间节点。回溯当年，二十几岁的他只身来到北京，当时只有一个模糊的憧憬，觉得自己能做成一件事。如今，他已经找到了可以投入全部精力、媲美“肯尼迪月球”计划的那件事。对创业者而言，这是大幸。

马云曾说过：一家公司不死过两三回，是不可能伟大的。在创业的路上，总会摔跤，“摔得早，学得早”是一种心态。而拥有这种心态要求你认识到每一段困难都有意义，只要你可以不断把自己归零，重新思考商业的本质。在这一点上，无论是从0到1，还是从1到100，没有本质区别。

也许极少的创始人有傅盛这样的经历：十年奋斗蓄力，做成一家国际化上市公司；正当公司高歌猛进的时候，却历经了光鲜背后的迷茫和转型的阵痛；然后又通过不断思考事情的本质，重新回到一条合理且更符合事物发展规律的轨道上。这种绝地反击的信念和突破自我的方式，或许能成为无数创业者的前路参照，抑或宝贵馈赠。

对话

×

傅盛

每个创业者都是极度自信和极度自卑的

记　者：作为十几年的互联网创业老兵，从个人感受的角度来看，在创业这条路上你最深刻的感觉是什么？

傅　盛：第一个感觉肯定是很孤独。从创业开始，我就觉得非常孤独。你的困难是很难跟人说的，得自己去消化掉。你跟团队说，团队崩溃了；跟家人说，家人说别那么累，为什么非要去创业；跟投资人说，投资人跑了。这也是为什么我喜欢去分享一些东西的原因，我觉得创业者挺孤独的。所以有的时候，我有点感悟就特别愿意去分享。我不图什么，就图大家在孤独的旅程中，有人跟自己同行。

这种孤独还可能是因为你自己跑得太快。比如过了几年以后，你就发现原来跟你一起同行的人，也不能理解你的思想了。所以我经常说，上市以后是我最痛苦的一段时间，因为那时候我的孤独感尤其强，我发现好像身边的人都不理解我，我也不够理解他们了，以前大家形成的默契在上市以后一下子都不见了。那时候，公司一下子上了一个新台阶，工作的强度和难度都发生了非常大的变化。这时候，你的整个思维也发生了很多变化，而你身边的人可能没有变化，所以你就面临着非常多的痛苦。

第二个感觉就是不断地自我压迫。腾讯的人跟我说，马化腾经常是在极度自信和极度自卑之间来回跳跃的。第一次听到这个说法时，我觉得人家那么优秀，怎么会这样？后来，我才慢慢理解。每个创业者都是这样：你要自信，因为不自信很难去激励自己、激励别人；又要极度自卑，因为不焦虑和自卑的话，你会过于乐观，很多公司被毁掉就是因为创业者太乐观了。所以，你得在两种状态之间来回切换：面对困难，你要比所有人都镇定，大家都觉得不行时，你得告诉大家可以；大家都很乐观的时候，你又要特别焦虑。

我觉得这两种感受是我印象非常深刻的。

记　者：能给我们分享一点实例吗？在极度孤独和极度焦虑的时候，你是怎么消化、面对的？

傅　盛：比如早期我从北京来到珠海，整合金山几百人的队伍。那是和对手打仗打得最凶的一段时间。那时候，整个金山毒霸的管理处于崩盘的边缘。我去了以后，大家内心对我其实是极度不信任的，出现了各种各样的非议。他们质疑为什么会有人来管他们。

那个时候，我就面对着这样的状况：这边老金山的同事们不信任我，那边我自己带过来的同事崩溃得要回北京。我把这个人叫到我的住处，和他谈心谈到半夜一点钟，谈到胃疼——我的胃特别健康，只有在这种极度焦虑和孤独时才会疼。但我还是劝不住他，他一定要回去。而珠海这边有几个离职的，离职以后在网上发文章骂我们，尤其骂我。其实，我跟他们也没什么个人交集，我就是个符号。这个时候，我感觉很痛苦，但还得召开员工大会，告诉大家我们有很多地方做得不好。我是一个较真的人，这话要从我嘴里说出来是非常难的。

后来，竞争对手还组织人在网上骂我，给我造谣。我想回应一下，但公关部不准，说 CEO（首席执行官）不准上网乱说话。有一次，我忍不住写了一句，公关部还过来要求我把它删掉。那时候，我觉得凭什么要我承担所有的后果，心情非常郁闷。但我还不能在脸上表现出来，怕万一出个报道说傅盛一筹莫展在海边逛什么的……那时候，我晚上睡不着觉，整宿都在想为什么会这样，自己为什么要承担这些。

后来，我看了电影《指环王》。里面的甘道夫跟龙搏斗掉入深渊，再出现的时候他就从黑袍巫师变成白袍巫师了。我想，可能每个人都要经历这样的磨难。那时候，搜索引擎里一搜我的名字，就会出现一堆负面文章，什么叛将之类的。我不就是给其他公司工作过，然后出来重新做，怎么就不行呢？我想如果我女儿长大了，搜索到她爸爸是这样的，我该怎么面对她……当时，我真是承受着巨大的心理压力。但我觉得经历过那些风波以后，现在再开发布会，会后有人说我的坏话，我基本能做到波澜不惊了。

创业成长的本质是认知升级

记　者：你刚才谈了好多创业时的焦虑和孤独。我记得前一阵周鸿祎发朋友圈说他觉得自己的人生好失败，感觉到有点不可思议。

傅　盛：他发那个朋友圈的晚上还约我见面呢。见了他我还蛮感慨的，我从来没想过他会有这样一种状态。

2002 年，他面试我进 3721（周鸿祎创立的公司），到今年 16 年了[①]。第一次见他时，我对他的印象是，他的语速很快，思维

① 当时采访时为 2018 年，故距 2002 年为 16 年，以下采访情况与此相同。——编者注

很敏捷，他看起来意气风发，保持着战斗的情绪，永远不知疲倦。今天看到他这个样子，我还蛮感慨的。我觉得这可能也是创业者最后很难逃脱的宿命吧，你总能发现自己的认知和这个时代不匹配。你过去积累的认知越多，它对未来的阻碍就越大。

他聊到 360 和猎豹遇到了一样的问题。20 年前，微软时代的安全软件是一个巨大的品类，微软把这个权限拿给所有应用厂商，我们可以做安全软件。所以，那时候才有真正的安全软件、工具软件。而到了手机时代，手机厂商根本不把权限放开，所以我们看不到一款手机杀毒软件。所谓的手机安全软件大部分也都只起到心理安慰的作用，手机安全软件这个品类已经不存在了。

有一本书讲的是，作为一个创业者，你对这个时代适应得越好，就越可能是下一个时代最大的失败者。因为时代和时代之间的变化就是这样的，一个人想要不断地与时俱进很难。最近有一篇写巴菲特的文章，里面写道其实过去几年巴菲特的基金收益率不是太高，他错失了互联网，投资了 IBM 而没有投资亚马逊。他去年承认这是因为 IBM 更符合他的口味，而亚马逊是一个新的企业类型，他不理解。

真正创业的人的初心不应该完全是因为生存的本能，还应有理想和梦想的召唤、成就感的满足。当面临问题的时候，成就感开始缺失，创业者就会陷入非常大的焦虑之中，尽管在我们看来他（周鸿祎）已经很有钱了，但他也会遇到这样的困境。

记　者：2018 年，您在猎豹 321 机器人发布会上说“凡是杀不死我的，都会使我更强大”。你当时为什么会引用这一句话?

傅　盛：这句话很触动我，因为我觉得我过去三年的成长，是非常巨大的。尤其过去一年，我认为自己的整个思维模式都发生了巨大的变化。

直到一年前，我还是牛顿还原论的坚定支持者。其实我们这一代人都是，因为我们只学过牛顿力学，没有学过相对论，也没有学过量子力学。我们对整个世界构成的认知都是机械的钟表论，对蝴蝶效应等也完全没概念。我们认为一切都在自己的掌控之中，都是自己预料到的，努力就能成功。正是遇到的一些困难和进入不熟悉的领域，让我对自己的反思到了连自己都没想到的地步。

上市以后，公司市值涨得非常快。有段时间，我就认为只要不断地去增加知识储备，我们就能在这条路上一直走下去，像所有伟大的企业一样，不断成功。直到我们的股价跌下来以后，我才开始思考到底出了什么问题。从努力程度上来说，与以前相比，我并没有懈怠，我招聘的员工也更优秀，比以前草台班子时肯定好很多，那么问题究竟出在哪里呢？

正是在这样的压力下，我慢慢理解了所谓的进化论、概率论在创业这条路上的指导意义。过去遇到的困难、遭受的非议，让我的整个思想模式有了变化，升级了。

记　者：我能这样理解吗：听起来你好像是相信了命运，跟命运握手言和了。

傅　盛：我不是相信命运，而是理解了规律。如果要讲得深入一些，就是世界的进化是由内外部共同决定的。拿生物学来举例可能比较容易让人听懂，一个物种的进化跟它的外部环境是紧密相关的。比如恐龙，作为一个物种它是非常成功的，统治了地球。但是突然出现了一个小行星撞地球的事件，在过去几亿年都没出现的事情被它赶上，它就灭绝了。所以，这不是和命运握手言和，而是你要知道，自我努力和自我奋斗是不能解决一切问题的。

所以一件事情成功与否，有时候并不是由你决定的，而是外在的环境要能跟它匹配。我说的是匹配，不是顺从。也许机器人领域是一个机会，但我们的能力要可以与之匹配。如果有一天你的能力不能与之匹配，那么你就要再找一个匹配的机会。今天我们讲一个人有多么成功，无非是他抓住了一些机会。这个机会出现的时候，他有能力抓住。所以一个人想要成功，既要能发现机会，又要有足够的能力。

所以，我只是从过去认为人定胜天，变成了认为自己只是在这个时代中捡了几块石头，是一个幸运儿。当然，这中间也有自己努力的成分。但是，我们不要去跟所谓的大势对抗，要顺势而为。即便今天这件事没做成，我也不会随波逐流。我还有更多的思考，去寻找什么样的机会能更适合我们，这些不以个人的情绪，也不以所谓的自我感受为转移。当遇到挫折的时候，我们更应该理性地去看待是哪个环节出了问题。是不是我们对外界的观察出了问题，对我们来说，这个机会是不是不在我们的能力范围内，把这些想清楚了再去做就行了。

记　者：你觉得在研发机器人方面，现在最困难的点在哪里？

傅　盛：跨界，巨大的跨界。以前，我不是很理解跨界有多难。现在，我发现跨界的难度就在于，团队里不同成员之间的语境是不一样的。虽然大家都在说中国话，但是彼此都听不懂对方在说什么。在做这样复杂的产品时，你会发现底下运动的轮子和大脑部分的电子板其实就是两个不同的领域。还有人工智能、深度学习领域，从事这些行业的人的思维模式，和以前完全传统写程序的人的思维模式也不太一样。

目前，真正跨界的人才还没有出现。这是因为这个行业太新了，没有人同时做过 A，做过 B，做过 C，又做过 D，我自己也是这样。以前做猎豹的时候，我可以很轻松地去帮他们做决定，因为我对安全、工具、App 是非常熟悉的，所以能够直达非常基础的程序，可以帮他们做决定。但是今天在机器人行业，我不能帮他们做决定，因为我不知道神经模型的知识，也没办法拍板。甚至机器人内部的一个传感器怎么用、用哪一款芯片我都不知道。我只能听取大家的意见，鼓励大家做决定。因此，这一过程存在非常多的信息障碍。

我们要把每个行业看成一个深井，我们的任务是要打通它，这是过去没有遇到过的新挑战。

记 者：**实际上，作为一个外行，我觉得猎豹的技术核心还真不是挑一个最简单可行的方式继续生存。**

傅 盛：其实还好，比如说我们当初决定金山毒霸转型免费时，我个人做免费软件已经十年了。我在做猎豹之前，中国两个最大的客户端软件，基本都是我当产品经理时候做的，第一个 3721 在中国的覆盖率是 70% 多，后来的 360 安全卫士在我离开 360 的时候，也装了 60% 多，这都是垄断级的软件。所以我对免费本身的理解是足够深刻的。等转到海外的时候，的确看上去比较天外飞仙，但其本质还是一个工具，只是换了语言而已。而且我们分析过对手，我觉得本质上中国那时候的工具软件、应用软件已经是全球最好的了，只要在中国做到（最好），那么在全世界其实也可以做到最好。机器人是稍微大了一点，但它是 PC、智能手机之后的新一代工具，猎豹的业务本质还是在通过工具做人机交互。但由于跨界跨大了，复杂度急剧增加，所以找到落地点比较难。

所以我认为，我们今天还是要做一些和自己能力尤其是特质相匹配的事情——我不是指某一个具体技能，技能是可以去学的，也可以通过团队来弥补。你做的事情要跟你的特质相匹配。

记　者：我记得您之前还写过一篇关于认知论的文章。现在再回头看，您还认同当时写的文章吗？

傅　盛：认同啊，偶尔我还会再看一下。最近，我觉得那时候写的文章还挺深刻的。有时候我们自己写的东西，自己都忘掉了，或者说没有去坚定之前的一些认知。我觉得成长的本质就是认知推进。当你认识到一件事情的时候，而别人没认识到，你就有巨大的优势。这种优势比资源资金重要得多。所以，我们要不断去提高自己的认知能力，找到一些新的机会和这个时代新的变化。只要你能发现一个公开的秘密——其实《从 0 到 1》[1]这书里也有这样的论述——那个秘密就在那儿，只是很少人知道而已，你就可能会获取极大的收获。

记　者：根据认知的四个层级[2]，如果让你评判自己的话，你觉得自己处在哪个层级？

傅　盛：我处在"知道自己不知道"这一层级吧，还没到达到最高一层"不知道自己知道"，只是偶尔有那么一点感觉，觉得自己在最高层，有的时候也感觉自己处在第三层"知道自己知道"。我觉得一个人的自知有时候会把自己看小，但更多时候是把自己看大，我可能更倾向于把自己看小。以前雷军也跟我聊过，他说我是比我自己想象中要强大的人。这句话我很久都没完全理解。后来我反过来想，也许正是这一点导致我做一些事情的时候胆子还不够

---

① 《从 0 到 1：开启商业与未来的秘密》于 2015 年 1 月由中信出版社出版。——编者注

② 认知的四个层级依次为：不知道自己不知道、知道自己不知道、知道自己知道、不知道自己知道。

大。现在想想，过去十几年真的是互联网发展的黄金期，以我当时的经验水平，我可以抓住更大的机会。但是把自己看小有一个好处，那就是我没那么冒进，虽然做出来一些大家看起来比较天马行空的东西，但我都是审慎思考过的。

上市只是一场成人礼

记　者：很多人，尤其刚开始创业的人，都觉得上市就是光明大道，公司未来一片美好了。但听完你的叙述，似乎完全不是这样？

傅　盛：就我个人来说，猎豹上市太早肯定是存在问题的，我的心智都没成熟，作为 CEO 我也不知道上市意味着什么。上市的时候，公司内部的人都不太相信，因为一年前我们还焦头烂额的。把上市看成一个目标去追求，而不是把它看成一个过程，是有很大问题的。

要说简单的快乐感，那一定是逐层递减的。我最快乐的时候，还是做产品经理的时候。那时，我不需要管理公司，只要想想产品交互、跟用户打交道就行。虽然那时也有很大的压力，但只是产品能不能被用户认可的压力，没有公司生死存亡的压力。虽然带队伍我也经常被愁哭，但那时还是在认真做一项事业，而这项事业给我带来的成就感其实挺强烈的。因为我把一个产品从无人问津做到了每天上百万的单装量，把其变成了中国现象级的产品，整个过程基本上都是我一个人在操作，那时候我非常有成就感，虽然也很累。

创业的时候，我会一下子陷入巨大的孤独和焦虑之中。创业公司为什么要上市？很多人觉得是因为创业公司缺乏资金，而上市可以使创业公司融到资金，也能满足创业者个人的财富欲望。对个人而言，如果你对金钱的欲望占了你所有欲望中很大一部分——你要买好车，买房子，给父母买东西，公司上市以后，你的欲望中最大的部分突然就被满足了，于是就会出现一大片空缺。从这个角度来说，你会陷入迷茫期。

再就是我上面说过的，上市以后，每个人的心理都会发生一些变化。你会发现，以前很容易达成的共识现在达不成了，原来上市只是一次再造，由此产生的焦虑是以前不能比的，这种焦虑会迫使你越来越强大。

记　者：你的创业初心是什么？早期从厦门来北京，在北京各个公司不断跳转，再到坚持出来创业转型，一直推动你往前走的初心是什么？

傅　盛：肯定还是想做一些有成就感的事情。为这个世界做出一些改变的初心一直是有的，只是用什么方式去实现，是创业还是去从事一份很好的工作，我最初是没想清楚的，那时候也不太懂创业。我刚才说了，启蒙教育对一个人来说非常重要，越早启蒙、越早独立思考越好。

在大学期间，我读了一本叫作《联想为什么》的书。20 年过去了，书中那句话我依然记得："我需要那种比较大的舞台，即便在这个舞台上我并不属于特别主要的角色，但我依然会感到快乐。"这句话当时成了我的座右铭，我那时候认为自己只要作为参与者就行。

但是骨子里我又想去改变一些事情，所以当学校让我留校时，我拒绝了。我觉得学校生活对我来说太稳定了，所以去了厦门，但厦门又太安逸了，因此决定去北京。当时，我也想到北京读书。我一直顺着这条路在走——读书，找份好工作，再读 MBA（工商管理硕士）。

在北京，我也就在两家公司待过——都跟周鸿祎一起。其实，我跳槽就是想要去学不同的东西。我真正开始创业是因为跟周鸿祎之间有些意见不一致，那个环境已经不适合我了，不得已才离开的。我离开的时机不好，因为当时公司已经快要上市了，还许诺给我股份。我刚离开公司没多久，金融危机就爆发了，而且那时我的孩子刚出生，太太也没工作，家里只有十万元存款。

我当时出来创业真的就是因为觉得环境不合适自己，想要离开，也算是年轻气盛吧，一气之下就走了——那时候觉得自己的感情被伤害了。离开以后，我也有很多选择，比如去经纬做投资，张颖也天天劝我（加入），也有很多公司找过我。但当时有几个人跟着我，非要跟我做点事情。如果我做投资就不能带这几个人一起，别的他们也不适合——我自己的柔韧度是比较好的，而且当时觉得既然出来了，不如试一把，所以就开始创业。后来在实践过程中，我慢慢意识到，创业目标必须很清晰，冲动是不能创业的。以前，你觉得有老板管理你受不了，很生气，等你自己真正做老板的时候才发现，做老板真的太难了，要自己给自己做推演、找目标。

出来创业，我最底层、最初始的愿景，还是想做一些让自己有成就感的事情。但真正踏上创业这艘船的时候，我才发现自己每天都在忧虑怎么活下去。我真正开始有成就感是在做猎豹清理大师的时候。猎豹清理大师基本上算是推演出来的结果。以前做 360 安全卫士的时候，是公司交给我一项任务，我做着做着就起来了。等真正做猎豹清理大师的时候，我是想了很久才找到方向和目标的。所以我说，360 安全卫士是运气碰出来的，而猎豹清理大师是谋划出来的。这也是一个自我成长的过程。

贰

papi

始于爆红，终于初心

2018 年 5 月 31 日，是 papitube[①] 成立两周年的日子。在两周年庆典 500 多人的会场上，身着干练白衬衫、黑色阔腿裤的 papi 对着全场 60 多名签约作者说："papitube 虽然因我而开始，但更要靠所有作者，才能把这个品牌做大。"

很难想象，眼前这个自信满满的机构创始人，两年前还是一个看到自己的负面新闻之后边往嘴里塞午饭边默默流泪的敏感姑娘。

4 年间，她完成了从短视频自媒体、行业头部流量到专业内容机构 papitube 灵魂人物的角色三连跳。从起跳阶段的出乎意料到后续发展的步步惊心，对一个真诚而敏感的灵魂来说，注定要承受更多。

"特别特别的红，但是很痛苦"

将时间拉回 2015 年年底，移动互联网让内容传播的形态发生巨变，一款名为小咖秀的搞笑对口型短视频应用一夜之间爆火，整个自媒体开始有了视频化的端倪。

---

① papitube 是由短视频创作者 papi 与泰洋川禾创始人杨铭于 2016 年 4 月成立的短视频 MCN（一种多频道网络的产品形态）机构。——编者注

这一年，中央戏剧学院导演系的一名有着10年网龄的研究生姑娘，在看过网上大部分良莠不齐的短视频之后，模模糊糊觉得自己也可以做点事儿。

这一年年底，一条“上海话 × 英语”的短视频让人们记住了papi，“一个集美貌与才华于一身的女子”。这种颇富喜剧色彩、取材自生活的吐槽短视频成了年轻人茶余饭后的谈论焦点，papi这个公众号4个月内涨粉千万，她也成了2016开年第一网红。

作为一夜爆红的女主角，papi的第一反应不是惊喜，而是惶恐。“很多人说我很聪明，站在风口上。其实在那个时间段，你根本不知道会发生什么。我就是按部就班地吃饭、睡觉、拍视频、上课、写论文，怎么就变成站在风口上了？”

这种惶恐，与她18岁离开上海，独自来到北京读书时感到的恐慌似乎有些相像，是对自身、对未来失控的焦虑。

“你现有的状态是未知的，未来的道路更是未知的，你从一个知道明天要做什么的人，变成了一个不知道明天要做什么的人。（以前）我要排戏、写论文，（老公）老胡可能会找我有一些什么事，想着什么时候放寒假……做一些非常确定的事情。突然之间，我连下周要干什么都不知道了。”

出名后的大半年时间里，她拒绝了所有采访。“我不知道人们要问什么，我该怎么去回答。或者往更小一点儿说，我不知道在台上应该怎么站，头发应该怎么弄。从来没经历过的事情，一下子压到你身上，你一开始的应激反应就是往后躲。”

跟很多天赋型的喜剧演员一样，现实中的papi很难像视频中那个欢脱搞怪的形象一般肆意和快乐。“我是给自己造一个壳的那种人，我意识到我需要走出壳，但这个过程是很痛苦的。一直以来我生活得都挺好，为什么要走出这个壳？”

这个在采访中形容自己是“极度外向的悲观主义者”的28岁姑娘，注定要承受更多。她不喜欢“第一网红”这个称呼，因为感觉像在被嘲讽。她对网上传言她家里有背景很生气：“气死了，气炸了。明明没有的事怎么生生说出来一件，把我的努力都给抹杀了，而且还是硬生生编造出来一些东西，试图掩盖我的努力。”

她在公司哭过一次，跟团队开会的时候。“外面不理解我就算了，你们这帮小孩儿好像也不是很理解我。我很为你们考虑了，大家为什么不能为我考虑一下？”如今讲出来，papi觉得这是很丢人的一件事：“大家都没有恶意，只是我自己那个时候消化不了。”

“这么多声音来了以后，逼着一个心事重的人把这些嘈杂的声音放下了。”她的大学同学、papitube现任COO（首席运营官）霍泥芳这样感慨。

2016年6月，她被合伙人杨铭逼着接受了采访。坐在宾馆的房间里，她不敢去别的地方。“我不知道活动是什么样的，不参加活动；也不知道要准备什么服装，没有适合的服装。这些全都是我没有接触过的事情。我被逼着走，迫使自己踏出舒适区，让自己去接触那些自己不知道的东西。这个过程让我觉得很痛苦。”

杨铭给papi心理建设的方式是，说服她：“人一旦红到一定程度的时候，有一件事情要学习，那就是妥协，要向很多事情妥协。”

的确，她花了三年时间学会妥协。

她原本只是个在中戏读研究生的女孩子，喜欢看《机器猫》《四叶妹妹！》这种有着可爱世界观的动漫，这些不是波澜壮阔的故事，就是普普通通的生活。她想象自己跟四叶妹妹是邻居，隔着街道面对面住着，街道里的邻里是非常平静友善的，经常发生一些非常小但是很有趣的琐事。

这些打动她的内容，是她创作的基础。“一开始拍视频就是为了自己开心，就是觉得自己喜欢，想要表达，所以才开始做视频。”

papi可以有情绪，但她背后的公司正被推着疾速走上正轨。短视频已经成了资本瞄准的下一个风口，2016年3月，走红仅几个月的papi获得罗辑思维、真格基金、光源资本和星图资本共计1 200万元的投资，被估值1亿元，站上了网红金字塔的塔尖。

这些商业上的操作，papi都交给了自己的合伙人杨铭。对融资、市场、风口没有任何概念的她，在听到1亿元估值之后只有一个本能的反应：吓死了。

故事的转折和开头一样，来得让人猝不及防。

同年8月，投资方之一罗辑思维突然从papi公司的股东名单上消失。

在明确了自己未来只做知识服务后，罗辑思维的创始人罗振宇原价退出了所有投资项目，papi的公司只是其中一家。

但舆论不管这些。就像一部热闹又波折不断的连续剧演到了大结局，在观众眼里，papi和罗振宇的剧情也到了终点。papi成了剧中被抛弃的那个形象，尽管在商业社会里，每个人有自己的立场是再正常不过的事。

没有人知道papi当时经历了什么。但是到了2017年年底，她已经可以站在脱口秀节目《吐槽大会》的舞台上，没有任何偶像包袱，犀利地吐槽着自己被撤资的事情，仿佛又变回了视频里那个肆意欢脱的papi。

或许，她正在努力拥抱自己平时不太愿意展露给外界的一面。

“我没有办法把自己放到一个那么高的位置”

作为一个纯粹的内容创造者，在papi眼里，创业很简单，就是把自己感兴趣、热衷、想做的事情做起来，和很多志同道合的人一起。

对于papi来说，唯一容易做到的可能就是平常心。舆论就像台风，周围都是旋涡，而她站在台风眼里，风平浪静。她甚至一度非常纳闷儿大家为什么要采访她："我又不是明星。"

对于这种平静，papi的解释是因为自己出名比较晚，过了28年普普通通的日子，社交圈三观也定型了。走红那一年，她刚从中戏导演系研究生毕业，有完整的家庭感情生活和一套十分自洽的为人处事哲学。

她从小就是一个习惯性地怀疑自己的人。"我爸经常说我从小有点妄自菲薄。我是有点妄自菲薄，但又有点傲。"

这种傲气，一部分表现在她做视频是因为看到网上流传的视频也就那样，她有一点想要证明自己，觉得自己喜欢的东西，一定也会有人喜欢；还有一部分表现在她的小固执上，她曾经看不起上班的人，"我觉得上班的都是普通人，而我不普通"，似乎有一种抗拒平凡人生的意思。

经历这些年，尤其这两年的变化，她渐渐发觉人都是普通的，不普通的永远是极少数。她突然觉得在办公室和大家开会其实是一种挺享受的状态，虽然很痛苦很累，但是心里的情绪是很高涨的。

她相信如果没有出名，自己的想法也会这样变化，到了30岁或某一天，自己会突然觉得上班其实是一件挺好的事情，大家都是普通人，没有人是特殊的。

正因如此，她没有办法把自己放到一个很高的位置："认为自己是一个明星，可能状态会更洒脱一些。但我可能是天生性格使然吧，没有办法把自己放到一个那么高的位置。"

2017年9月，她回过一次上海，找高中同学聚餐。同学说："每次见面之前都要有个心理建设，在想磊磊（papi昵称）会不会跟以前不一样了。可坐下来一看，这种想法就完全没有了。"papi对此的回复是："对的，我见你们很随意的。"

"虽然内心依然我行我素，但每一步我都会想明白才做"

自认为普通并没有阻止 papi 努力成长。3 年的时间，足以让一个网络红人过气，也足以让一个学生从某个阶段毕业。

2016 年那场沸沸扬扬的天价广告拍卖会之后，papitube 开始招人。半年后，人员陆续到位，papi 也越来越强烈地感觉到自己是个真正的创业者了。

"我原来是挺我行我素的人，想干吗干吗。而现在，我变成一个需要对自己的行为负责、对自己的人生负责、对团队和公司负责的人。虽然内心依然我行我素，但每一步我都会想明白才做。"

那个时候，她很少来公司开会。那是她最封闭的一段时期，很多事情没想清楚，也不知道开会应该说些什么。"虽然内容可以自己做，但我不知道怎么跟别人去阐述自己做内容的思路。"

新来的同事不太敢接触她，她也不太敢接触同事。但她知道员工们是怕她，怕说错话，于是逼着自己去跟他们交流，对他们说不要怕，想什么说什么，说错没有关系，做内容没有对错。

这些话，她几乎重复说了一年，也终于收获了走出舒适区的意外惊喜。到现在，她的团队成员基本没有变过。"一直自己拍，你的形式就这些。但如果有了团队，有人帮你拍，跟你一起设计，那你的形式肯定会越来越多样化。一个人的想法终归是有限的。"

除了适应团队协作，她也逼迫自己走出更大的舒适区。刚开始走红时，陈可辛邀请她参演电影，她的第一反应是：不去。后来，她意识到自己需要改变，于是演电影，拍广告，在热门网络综艺节目里露面，上时尚杂志……一位网红创始人可能有的商业动作，她都逐一尝试。

"她的接受度打开了。以前你跟她讲一些事情，她会本能地排斥，现在她会思考这些事对自己到底有没有意义，自己能否做得好。"当年逼着她去公司开会的杨铭将 papi 的变化看在眼里。

只是偶尔，她还是想过回到没人认识的状态，坐在自己拍第一条短视频的房子里面，无所事事又愉快，每天躺在床上都是心安理得，没有要求，没有理想，并且很满足于那种生活，就像她曾经创建的一个豆瓣小组的名字——"三无创业青年小组"。

对 papi 来说，那是一种特别简单的生活，有着单纯、无忧无虑的轻松和快乐。

而这种轻松的频率现在不会很高。papi 能回忆起来的是前一阵子生病住院。"身体上觉得很痛苦，但是心理上觉得好快乐，每天过得像放寒假的小学生一样：早上 6 点半被护士叫醒，然后抽个血、打个针、睡个回笼觉；8 点起来看《大宅门》，之后玩个消消乐。"

就像有双休日的上班族一样，忙了一段时间，有两天可以非常彻底地放松休息，处于一个平和的、开心的状态，她就很满足了。

"踏踏实实做事情的时候，不会太在意那些坎儿"

未来，papi 注定要成长为一个真正意义上的创业者。在这一点上，一个红到发紫的 IP（知识产权）与一位草根创业者，并无本质差别。

papi 有自己的定力——做内容。

在真格基金创始人徐小平看来，papi 属于真正有思想、才华横溢的女人。"papi 的内容还是迷人的。我敢说她 5 年、10 年不会过气。"

2017 年上半年是整个短视频行业的低谷期。身处其中，papi 并不觉得自己在经历一道坎儿。她觉得自己一直想的是下一期选题是什么，怎么把这个选题做好。后来她发现，那个阶段的很多视频都是有趣的，甚至会有很多粉丝隔一段时间就把这几期视频拿出来看一遍。

“当真的踏踏实实在做事情的时候，你不会太去在意那些坎儿的。”

这些信念同样支撑着她，在罗辑思维撤资、退出分答社区等事件导致“papi 名气走下坡路”的说法甚嚣尘上的时候，还能在各大视频自媒体榜单保持第一，尽管她自己的性格属于一丁点儿非议都受不了的那种类型。

杨铭形容那是一种迎难而上的感觉。“从 2015 年年底到 2016 年拍卖，我们一直被关注。这其中很大一部分原因就是 papi 的内容在那个阶段越做越好。否则，我们可能随时会掉下来。papi 用她的能力证明了：两年了，她的视频仍然是受大家喜欢的。”

杨铭眼里的 papi 就是这样的人，表面会拒绝，说自己做不好，然后回去思考自己到底能否推掉，这件事自己到底能不能做好。凡是觉得自己能够挑战的，她会暗示你，她可以。

“我属于那种不想让别人失望的人。我一定要自己觉得有把握了，才能做这件事。”

有一次，她三天不睡觉，从设计到拍完，再到剪完 3 个视频，然后躺在床上给杨铭打电话，一边流泪一边说，以后再也不要有这种事情发生了，真的累死了。而当这些视频成为爆款，她又会手舞足蹈地说：“我们终于造出一个爆款了！终于扬眉吐气了，我都憋半年了。”

2018 年世界杯期间，她创作了一首嘻哈单曲，在不到 5 分钟的视频里，她带上酷酷的墨镜，甩出饶舌的歌词，调侃生活中的看球小段子。拍摄结束后，她喘到不行，完全说不了话。

“可这些时候，她也是最过瘾的。”霍泥芳一语戳中了 papi 对创作的热情。

如今，papi 身上担负的不只是公众对她个人的褒贬，还有 papitube 内容机构 60 多位签约作者以及 100 多名员工的发展前景，当然，还有整个市场对短视频领域的观望。

从某种意义上来说，papi 的成功是被动的，但 papitube 需要更主动的管理。

“不管你们的人生规划是什么，如果有我可以帮到你们的地方就尽管告诉我，我能帮忙一定会帮，需要加钱尽管说，通不通过是另外一件事，大家不要怕。”采访间隙，papi 不忘在办公室里调侃几句。

她真心希望帮助 papitube 的创作者们在短视频行业站稳脚跟，做出与众不同的东西。她现在每天都去上班，有时候员工开玩笑说：“你明天能不能不要来了？”

“因为我一来就开会。”papi 捂嘴一笑。她已经有了做团队领导、向外表达与发声的自觉。

在杨铭看来，papi 未来是可以胜任 CEO 的。“我们也在对她进行培训。现在，我们逐渐有了一些管理上的、方法上的支撑，papi 未来也会胜任这个职位。”

从 papi 到 papitube，在中国的内容创业环境并不完全成熟的今天，他们代表了奋力牵引行业进步的内容创业群体。他们不是商业精英，从投资的角度看，甚至更容易被贴上“能力不够全面”“工作懒散”的标签，但他们的故事也因此尤为动人。他们赖以成就的事物来自呕心沥血的创作，一旦收获共鸣，就会爆发出不可估量的潜力。

这个世界上，有人为了梦想创业，有人为了财富创业，还有人只是恰好做了自己喜欢的事情，被一些人看到并且喜欢，这份喜爱支撑起一条他们独有的创业路径。他们在路上慢慢与自己和解，找到令自己舒服的展开方式。他们的存在，或许能让这个讲数据、讲商业模式的时代，多一些自由与人文的元素。

对话

×

papi

一夜爆红背后

记　者：回顾一下你与资本互相成长的过程。

papi：我其实还好。一开始是杨铭负责资本，我们一开始的分工就是他处理所有创作以外的事情，我处理所有内容和创作方面的事情。后来，徐小平老师一开始就说不会对内容有任何干涉，他也确实是这样做的，这对我来说是非常好的一件事。

记　者：当时，真格基金给你的估值是 1 亿元。当你的价值被衡量到亿元的级别时，你是怎么想的？

papi：当时，我被吓死了。我对资本、互联网创业、短视频行业风口是没有概念的。很多人说我很聪明，站在风口上，但其实我当时根本不知道发生了什么。我就是按部就班地吃饭、睡觉、拍视频、上课、写论文，怎么就变成站在风口上了？我感觉自己就像身处台风眼里，身边全是旋涡，但我是不动的。还好有杨铭在，他能非常清晰地看明白我们身边到底发生了什么。

记　者：2016 年的那场天价广告拍卖会，为什么你没有出现在现场？

papi：从出名到出现在公众面前，我经历了大半年时间。往深了说也没有什么特别的原因，就是害怕，不想出现在大家面前。我坚决不去，大家觉得我来不来也没什么太大差别，我怎么舒服怎么来吧。那个时候大家对我也是蛮温柔的，也没有逼着我干什么。

记　者：那个时候，你的焦虑是什么？

papi：未知吧。我从一个知道明天要做什么的人，变成了一个不知道明天要做什么的人。回顾 2014 年，我知道自己明年要排戏，要写论文，然后老胡会找我，知道什么时候放寒假……这些都是非常确定的事情。可突然，我连下一周要做什么都不知道。比如 2016 年，我可能要参加什么活动，活动是什么流程，要准备什么服装，这些全都是我以前没有接触过的事情。

　　我是会给自己造一个壳的那种人。让我意识到我需要走出这个壳，这个过程是很痛苦的。我觉得自己一直以来生活都挺好，为什么要走出这个壳？走出壳这一步在我的脑子里思考了很长时间，直到慢慢走出去，我才意识到这个行为是可取的、是正确的，没有之前预想的那么可怕。

记　者：可能每个人都有壳。

papi：是的。只不过你的生活中如果没有发生非常特殊的事情，你就意识不到它的存在。我以前就没有意识到我身上存在这个壳。

记　者：所以创业是被逼的吗？

papi：不能说创业是被逼的，但是创业之后的很多事情确实是被逼的。其实我应该谢谢他们，他们知道我的性格，会在私下讨论说咱得逼着她。如果他们不逼我的话，我可能不会有任何进步。就像小时候学乐器，很多人都是被父母打骂出来的。有时候真的需要别人稍微骂一骂、打一打，你才能逼着自己往前走。

我以前是一个挺我行我素的人，想干什么就干什么，不想干什么就不干。但现在，我变成一个认识到需要对自己的人生负责、需要对团队和公司负责的人。虽然内心还是我行我素，但我会把每一步都想明白之后再做。

记　者：你说你小时候很看不起上班的，当时为什么会这么想？那现在呢？

papi：我小时候觉得上班的人都是普通人，而我不普通，有点想要抗拒平凡人生的意思。往好了说，它是一个远大的目标和理想；往不好了说，是有些自以为是。我好像从小就有一点傲，但又有点妄自菲薄，处于一种挺矛盾的状态。慢慢成长之后，我觉得大家都是普通人，不普通的永远是极少数的几个。让我产生这种改变的另一个原因是我不想踏出安全区，不想起那么早——挺幼稚的逆反心理。

这两年，我的很多想法都在变，尤其是2017年的变化很大，我突然觉得在办公室和大家开会是一件挺享受的事，虽然会感觉很痛苦、很累，但心里的情绪是很高涨的。

记　者：从普通人到突然成名，你的感觉却是反的，从不平凡到平凡。

papi：怎么说呢？我没有办法把自己放到一个很高的位置。可能是天生性格使然吧，一直以来我的成长都是一个比较正常的走向，我没办法把自己放到那么高的位置。

如果没有出名，我的想法可能也是这样变化的，我只是姜逸磊，不是 papi，到了 30 岁，依然会觉得上班其实是一件挺好的事情，大家都是普通人，没有人是特殊的。

从网红到创业者

记　者：你怎么定义创业这件事？

papi：和很多志同道合的人一起，把自己感兴趣的、热衷的、想做的一件事情做起来。这件事可能最先是由一两个人在做，慢慢地人会多起来。

记　者：什么时候开始觉得自己是个创业者？

papi：2016 年拍卖会之后，我们开始招人了。等人员陆陆续续到位之后，自己是创业者的感觉开始越来越强烈了。

记　者：那时候你身边有多少同事？

papi：那个时候我相对比较封闭，来公司开会还不像现在这么勤，彼此之间都有点不太敢接触。我不太敢去接触他们，他们也有点不太敢接触我，所以那个时候我身边只有杨铭吧，还有当时的 COO。但是从 2016 年 10 月开始，大家越来越融洽了。直到现在，我这边的团队成员基本没变过，公司的人也越来越多，从一开始二三十人，到现在将近 100 人。

记　者：你为什么不太敢接触他们？

papi：因为那个时候我身边发生的变化太大了，我需要把身边的事情一件一件梳理清楚，把我自己脑子里面的东西梳理清楚。

杨铭让我给大家开会，当时的我也不知道开会该说些什么，不知道该怎么去跟别人阐述我的想法——就是有点封闭自己。后来，我逼着自己多去跟他们交流，因为我知道他们有点不太敢跟我说话，所以我只能不断去刺激他们。有句话我对他们重复说了一年，那就是：不要怕，想什么就说什么，没有关系，随便说，做内容没有对与错。

记　者：你在生活中哭的时候多吗？

papi：人前哭得不多，人后相对多一点，如果哭的总数是 10 次，那大概有两次是在人前，另外 8 次都是在人后。我觉得哭是一件很尴尬的事情，因为知道自己一哭别人就会来安慰自己。

前段时间跟团队开会的时候，说到一些事情，可能也赶上快来例假，我一下子控制不住自己，开始嗷嗷大哭。然后，我的团队也很慌，他们都是些年轻员工，也不知道怎么办。他们很尴尬，我也很尴尬。后来我跟他们道歉，说不好意思那天失态，大家不要往心里去。

记　者：对于这件事情，你的泪点是什么？

papi：就是觉得很累。你的工作有很多是不被人理解的，不仅仅是粉丝、观众或网民，很多跟你非常亲近的人也不理解你。他们会问：那样做很简单，你为什么不那样做？但我就是没办法那样做，因为牵扯的事情太多了。我团队的这些年轻员工有时候也转不过来弯儿，我那天晚上就有点儿气着了，心想：我已经很为大家考虑了，大家为什么不能为我考虑一下？

我觉得这件事说出来其实很丢人，没什么可说的，大家都没有恶意，只是我自己那个时候消化不了。

记　者：作为一个 MCN（多频道网络的产品形态）机构，papitube 的体量必定是要再往上升的。你作为公司的灵魂人物，如果一直处在一个成熟平台期不动，公司会不会很难跃升？

papi：我认为做内容，不管是重内容还是轻内容，都不要以量取胜，一旦走量的话，内容质量就会下降。如果我以质取胜，每一期质量都很好，那大家就会认为我是领头羊。

其实，papitube 是一个去 papi 化的 MCN 机构，无论内容还是商业模式，都是靠所有博主一起生产的。我们提供的服务越好，就会发展得越好。而且对于有些博主来说，我们认为他们有更大的潜能，他们可能不仅是短视频博主，而且是可以跟品牌有一些互动的。

记　者：你个人对公司有什么期望，要专注做一个比如说小而美的公司，还是更平台化的公司？

papi：我们确实处在人员扩充的阶段，不管从签约的博主数，还是从招募的员工数来看。所以，我们并不是要做一个小而美的公司。但要说准备做多大多强，这是一边走一边定的。从我个人到整个 papitube，都是做好当下的每一件事情。

记　者：在你心目中，papitube 未来的发展方向是什么？

papi：我希望它是中国排名第一的 MCN 机构。

勿忘初心，自由自在

记　者：第一次拍短视频是什么时候？

papi：其实之前一直想拍，但我属于没有人一起做就会没有干劲儿的那种人。直到 2015 年 7 月，我和霍泥芳一起，看完《小时代 4》，在电影院门口打算开始拍的。本来说好霍泥芳当演员，我来当导演，但那时候她老公在美国，她必须得回美国去，就变成我一个人了。我觉得放弃有点可惜，自己也确实经常有很多天马行空的想法，那就拍吧。然后有一段时间，我就想到什么拍什么。那个时候，网上已经有一些短视频，但我觉得我可以比它们做得更好，有一点想要证明自己的意思。

记　者：你说过，自己一开始做短视频的时候不是那么自信？

papi：人有时候是会被数据影响的。一开始，我做的短视频的评论数量是 2，转发次数为 0，好一点的时候评论数量是 10，这都算得上巅峰了。这让我觉得很扫兴，我觉得我的东西很好，怎么会没有人看到？那个时候，我不断跟自己说一句话：我喜欢的东西一定也会有人喜欢，如果我觉得这个东西是有趣的，一定也会有人觉得它是有趣的。

这个道理我是怎么想到的呢？因为我每次去 KTV，都会有人唱一些我觉得非常难听的歌。我回来就想，这些歌一定有它的可取之处，我要好好听一下。虽然听完我还是不喜欢，但大家还是会点这些歌，这就说明这些歌肯定有人喜欢。我觉得我的东西也肯定会有人喜欢，所以就抱着这样一个小小的信念，再把它们放上网。

记　者：你给公司定的宣传语是“勿忘初心，自由自在”，你说的初心指的是什么？

papi：我说的初心就是不要忘了自己到底是因为什么开始做视频的。我觉得 papitube 的大部分作者跟我一样，一开始拍视频都是为了开心，都是觉得喜欢，想要表达自己，所以才开始做视频的。

记　者：说到初心，总让人感觉它是容易被遗忘的，你现在会在什么情况下想起初心？

papi：2016 年的时候会想。我会问自己：如果拍视频让自己那么痛苦，为什么还要拍？如果连自己都不喜欢，为什么还要拍？现在，这两句话已经贯穿整个公司了，开会的时候大家都会说，所以已经不需要我来提醒自己了，我们一直以来就是这样做的。

记　者：回顾 2017 年上半年，单纯从点击量来看，整个短视频行业并不处于上升期。那段时期对你来说算一道坎儿吗？

papi：人在坎儿上的时候，不会认为自己正在经历一道坎儿。那个阶段，尽管我们没有非常火爆的作品，但我到现在都认为我们那个时候拍的汽车广告、美妆博主割盲肠视频是很好笑、很有趣的，不能因为它们当时的点击量不好，就说它们是失败的作品。因为后来我们发现，有很多粉丝非常喜欢这两期内容，很多人隔一段时间就会把这两期视频拿出来再看一遍。

所以那个时候，我不觉得自己在经历一道坎儿，因为我们一直想的是下一期视频做什么，下一个选题是什么，怎么把这个选题做好。当踏踏实实做事的时候，你不会太在意那些坎儿的问题。

记　者：你说过自己在蹿红之前，过的是一种特别简单快乐的生活，你现在还有类似的快乐吗？

papi：还是会有，只不过出现的频率不是很高。前一阵我住院，突然感觉：哇，好快乐啊！虽然身体上很痛苦，但是心里很快乐，过得像放寒假的小学生一样：每天早上 6 点半被护士叫醒，抽个血，打个针，睡个回笼觉；8 点起来看《大宅门》，之后玩个消消乐。

这种快乐跟有双休日的上班族蛮像的，忙了一段时间后，可以有两天时间彻底地放松休息，一种非常平和的开心。

记　者：什么东西能治愈你?

papi：漫画。我睡前会看两眼漫画，以前是看《机器猫》，这两天在看《即使如此小镇依然转动》，还有看了好多遍的《四叶妹妹！》《白银之匙》《乱马》。

后来，我想过自己为什么会看这些漫画，因为它们给了我一个非常完整的世界，里面的每一件事都是日常琐事。看《四叶妹妹！》的时候，我感觉自己就住在那条街道上，跟四叶妹妹是邻居，这位邻居很可爱；看《即使如此小镇依然转动》的时候，我感觉自己跟女主角生活在一条街道上，街道的邻里是非常平静友善的，然后发生了一些非常小但是很有趣的琐事。在那一刻，我会觉得自己进入了一种放松的状态。

叁

马薇薇

光鲜背后的焦虑与快乐

2018 年 4 月 27 日，马薇薇作为中国第一批内容付费行业的创业代表，站上美国沃顿商学院的演讲台，分享《中国内容付费行业的风起云涌》。

“我们是第一家做全年型订阅音频付费的公司。我们的第一款付费内容产品《好好说话》到目前为止已经卖出 50 万份。我个人的微博粉丝量有 400 万,《奇葩说》的单集点击量通常是几千万。”

这是一个乘上风口的创业故事。而故事的主角马薇薇，更为人熟知的身份可能是《奇葩说》第一季冠军、金句女王、华语圈第一女辩手……一句话总结，她是在聚光灯下游走的网络艺人。

然而，任何光鲜一旦与创业这条路沾边儿，注定不会平坦。

“因为我们太顺了，所以不会去思考这个问题”

2014 年，乌镇举办了第一届世界互联网大会，中国成为世界互联网的一极。

这一年，贵州姑娘马薇薇和丈夫离了婚，父亲又被查出癌症。为了逃离生活的阴霾，她坐上了北上的飞机，去参加当时名不见经传的网络辩论节目《奇葩说》。那是她再熟悉不过的舞台，早在10多年前，21岁的她就靠全国大专辩论赛一战成名，成为“华语辩论圈第一女辩手”。

《奇葩说》第一季的爆火，直接将冠军马薇薇推上了网红的舞台。“这是一个什么都缺，唯独不缺梦想的年代。”马薇薇事后感叹。她原本只是想从离婚的自怨自艾中逃离出来，结果改变了人生轨迹。

不可否认，《奇葩说》和以马薇薇为代表的一批辩论圈精英，都适时地站在了内容消费升级的风口上。

一战成名之后，马薇薇马不停蹄地参加了《奇葩说》第二季、第三季、第四季，成为节目主持人马东所辖公司米未传媒的签约艺人，游走于各类网络综艺节目片场和广告宣传的聚光灯下。

眼看正在艺人的路上狂奔的马薇薇却突然转了个向——2015年年底，在《奇葩说》第二季拍摄的同时，她和黄执中、胡建彪、邱晨、周玄毅这四位辩论圈的多年好友，在马东的支持下，成立了公司——米果文化，专攻教人说话的付费内容开发。

2016年6月，含着金汤匙出生的米果文化推出的第一款付费音频节目《好好说话》，上线10天销售额破千万元。《好好说话》的成功，打响了知识付费行业的第一炮。

可以说，在所有的知识付费公司中，米果文化占尽了天时、地利、人和。但即便如此，它也依然难逃行业痼疾。

内容产品的特殊属性注定了它不像快消品那样可以被无限复购。放眼整个知识付费市场，如今火爆的课程，大多没有走完一个完整的产品周期，一年订阅期结束，也意味着产品生命周期的结束。对内容创作者来说，先收一笔快钱，然后辛苦产出一年是常态。在这个过程中，很多创作者的才华也在慢慢被耗尽。

对米果文化来说，即使有从《奇葩说》走出来的专业辩手创作班底，不用担心内容积淀的问题，也同样难以逃脱内容产品生命周期的规律。

2017 年，马薇薇开始招收内容生产的人才，这又带来更多的管理问题。不同课程团队之间各自为政，新来的员工不清楚公司的品牌定位，不知道向谁汇报，每个人都像一座孤岛，创始人各有各的秉性，市场调研不够深入，用户难以跳脱既有粉丝群体……

2018 年 5 月 4 日，马薇薇召集公司管理层开闭门会议，分享她的焦虑。

“因为我们太顺了，做什么都能卖出去，所以不会思考这个问题。我们现在卖什么都行，很多公司都愿意跟我们合作。但是‘乱花渐欲迷人眼’，我们会不会由于太顺了，就觉得自己做什么都能行，以至于缺乏对方向的把握。”

“我们要重新思考我们要做一家什么样的公司，我们未来的职业规划是什么。这是我们始终没有想明白的。”

她明白整个公司看似红红火火，实则方向不明：依托创始人光环开发的很多课程看似合理，但实际定位非常模糊；其他课程的研发也陷入习惯性陷阱，“认识你的人会很感动，不认识你的人不知道你在说什么”。

现在看来，《好好说话》的火爆很大程度上是依托《奇葩说》的节目效应，以及几位创始人本身的网红属性。对于这一点，马薇薇并不避讳：“我们这个公司的价值，跟我们个人的热度，相关性还蛮高的。”但是要想把公司做大，“不可能只把产品卖给爱我们的人”。

米果文化成立的第二年，以马薇薇为首的创始人团队开始被迫做很多自己原本不熟悉的东西，这是巨大的挑战。

作为公司的核心人物，马薇薇需要在这个时间节点上把握公司的整体方向。这次会议后，她号召公司全体员工停下手头的工作，重新启动用户调研，跨部门全员参与：“我们的调研存在巨大的误区，永远在核心粉丝群里打转是有问题的。我们必须做新的东西。”

除了产品和用户这两个难题，马薇薇还面临着内容创业者共同的问题——如何将其打造成一个标准化生产的生意。

这里并没有具体的经验可循。自媒体大V咪蒙通过总结爆款写作方法论，实现了爆款的量产；短视频网红papi依托公司的MCN运作，为公司引入更多内容创作者，以此拓展公司的商业模式。

“只有1%的公司在5年之后还能存活。你知道这个概率有多低吗？”在会上，马薇薇为这个看似光鲜的公司敲响了警钟。

她组建了米果文化内部分享群，每天早晚分享业内报告。“这些报告不一定对我们有用，但我们要随时知道其他人在干什么。其他人干成什么样，我们必须知道这一点。”

此外，她对所谓的行业经验也持有怀疑态度。“做自媒体的人那么多，真正火起来的很少。而在火起来的人中，找到变现途径的更少。有的公司虽然知名度很高，但有变现或经营问题。”

她更相信用具体可行的方法去一步一步摸索和试错。在马薇薇看来，这是每一位内容创业者都要面临的苦恼，但也是创新的动力。“如果内容创业（真的）可以创出经典，30年不被淘汰，那（这个行业肯定会变得）死气沉沉的。”

未来，马薇薇希望实现米果出品付费内容的工业化生产。“一款产品成功并不代表自己就是尖端内容生产商，两款产品也不能代表。要持续每年都能生产出这样的内容，甚至就像‘得到’的去罗振宇化一样，什么时候（米果）可以去股东化，我认为这个公司才算真正立住了。”

至于“米果出品”这四个字背后所应当树立的内容产品内核，马薇薇和米果团队还在苦苦思索。

“她是一个最能够闻到钱的味道的人”

对于马薇薇来说，创业的本质就是做生意。

对于做生意，她并不陌生。从中山大学法律系毕业后，她没有什么明确的职业规划，只知道自己一定不喜欢朝九晚五的职业律师工作。她在新东方当过老师，开过西餐厅，在新东方工作是因为不用早起，开西餐厅是觉得好玩。

在米果联合创始人周玄毅看来，正是因为从来没有考虑过做任何上班的工作，马薇薇会一直觉得自己应该是一个独立的个体，应该去做企业。

然而教育和餐饮都不是创新行业，需要很务实，非常不浪漫。马薇薇虽然生性散漫，但实则看得很透。“当你咬着牙把它们做下去后，你会发现：第一，你可以伺候任何人，这是很好的有关职业素养的训练；第二，你考虑问题会很细致，公司都是由细节构成的。”

这些行业经验，让她很早就掌握了一套对公司和自我的把控方法。“这看起来不是什么了不起的商业训练，可它支撑了世界上大多数产业的运作。”

这种经验把控，让她可以很自如地切入到米果文化每一个环节的工作中，内容选题会、运营财务会、战略规划会，她都有话可说。

“在一个公司的正式规划里，项目要长短期结合。不能说这个项目太棒了，我们熬着干。一定要在公司盈利状况很好的时候就规划长期项目，因为这时不仅市场需要你，你在资本市场的实权也会多。”马薇薇对现金流的重视和相对保守的运营战略，让米果文化很早就实现了盈利。

米果文化的 5 位创始人都是辩手出身，他们理性、善辩、逻辑性强，却也常常坚持己见。这时，马薇薇往往是最后的决策者。她擅长协调各方，更重要的是“胆子比较大，敢担责任”。

这虽是戏言，但也是事实。在马薇薇眼里，“决策在某种意义上并不是一种了不起的权利，而是一种很沉重的义务”。

幸运的是，她的商业嗅觉往往很敏锐。“她是一个最能够闻到钱的味道的人。一直都是她在发现市场需要什么，企业到底应该往哪个方向去发展。我们其他人更多地是发现这个方向可以跟我们原本的兴趣爱好和能力契合。”这是米果其他 4 位联合创始人的共识。

比如《好好说话》的诞生。在几位联合创始人的生活日常中，辩论也好，教书也好，平常一块聊天也好，谈论的很多话题其实都是围绕着《好好说话》展开的，只是从来没有一个人指出它可以做成一个爆款付费产品，是马薇薇点醒了他们。

“总有一天，总有一件事，会让你愿意去做所有你不喜欢的事，那就是你找到了自己的理想”

马薇薇自称不是一个野心很大的人，从当老师到开餐馆，前者是因为工作时间自由，后者是因为好玩。连做知识付费创业，也只是因为马东的一句：“如果你有一个非常强烈的兴趣，让你退休之后可以不为任何经济利益也愿意去做，那你为什么不在退休之前就把它当作一项事业呢？”

她觉得这种“性格缺陷”可能会使自己并不适合做 CEO。“我可能会带着全体员工熬夜加班一直到凌晨，也有可能说‘算了，明天不上班了’。像胡渐彪那种既有管制他人的能力，又有管制自我的能力，抗压能力又非常强的人，才适合做 CEO。”

她回忆说创业中很多不愉快的时刻，往往来自自我性格的冲突，而非外界的压力。她是一个爱和恨都很浓烈的人。在她的世界里，对人只有喜欢和讨厌两种情感，但是创业需要她性格不那么突出。作为创业者的她，背后有合伙人，有公司的未来，有同事。对她来说，这些既是助力，又是负担。

“我其实有极其感性和伤感的一面。我经常深更半夜在朋友圈发一些文艺青年一样的呻吟，但实际上商业环境容不下太多文艺青年的性格。”

当这两种性格发生冲突的时候，往往是她觉得痛苦的时刻。本质上，她觉得自己很难改变这种强烈的爱恨。即使外在变得圆滑了，那也只是“外表成熟了，但内心很悲伤”。

她还有一条朴实的做事原则：因为是兴趣，所以要往死里干。这条原则支撑着她在各种身体不适的情况下，依然在公司吆喝着开会。“如果还在打工，我今天（肯定）要请假。我就跟老板说，我病得快要死了。”

如今，身为老板的她正在为公司的未来而严重失眠。她不希望自己有朝一日面临“把邱晨他们都给忽悠到北京来了，他们应该怎么办”这样的问题。

焦虑也许正是这个时代的“症候群”[①]。对抗焦虑的最好手段，就是不甘于现状和剑及屦及的进步。

每次参加会议，她都如饥似渴，想从很多人那里学习一些金融和管理知识。“创业到现在一年半，我可以负责任地说：我对管理、对金融市场没有超乎常人的心得。我们这样的公司要在市场上立足，靠的是我们自身非常愿意投身到内容创作中，这个过程使我们快乐。”

努力的本质是为了快乐。这种快乐，让保持了十几年晚睡晚起习惯的她，现在能每天早上来公司开会，下午有时出席艺人活动，没有

① 症候群是指因某些有病的器官相互关联的变化而同时出现的一系列症状。——编者注

活动就在公司策划选题、写文案、谈合作。

她很少买创业类的书。她不相信看一本书就能创业成功，但现在会看一些，只是为了让自己心里踏实。“创业者总是感到孤独的。这个角色我做得对不对，没有人给我答案，但是读创业书籍可能会让我觉得‘吾道不孤’。”

生活中的她，自诩为“没有故事的老阿姨”。她收集了大量的口红，不同牌子、不同色号，整盒整盒地买，然后找一天，用这些口红画人体彩绘。

她把这种奇怪的爱好解释为对抗无聊。“我也需要娱乐啊。我不会打球、骑马，但私下总得找点事情做吧，不然在家真的很无聊。其他创业者也有觉得在家很无聊的时候吧？那种抓心挠肝的，觉得怎么还不上班的感觉。我过年第二天就想上班。”

或许，工作本身就足够让她快乐。

“像我们这种没孩子的，老了全靠自己，总要找个比较好的养老院吧”

2.5 亿元到 4 亿元。

这是马薇薇从马东和高晓松处听到的实现财务自由所需要的资产数额。她希望活成他们那样，不奢靡，但是又很自在。

在内容创业者这个群体中，财务自由并不是一个经常被提及的词。做内容出身的人，常常更爱谈情怀、谈理想，虽然才华横溢，但也略显散漫，完全靠兴趣驱动。

而马薇薇则不一样。她有创业理想，但也从不避讳对物质的诉求，戏称自己是“有具体数字的女孩儿”。

“我做人很随性，做事很认真。请原谅我这一生放荡不羁爱自由，可我总觉得自由有代价，最起码你要做到不给别人添麻烦，这就需要财务自由。”

她需要公司、生活给她稳定、坚韧的感觉。当年，她不满足于做一个风光无限的艺人的理由之一就是“（艺人）这行收入也太不稳定了吧，不红的时候肯定没饭吃了”。

从这个层面来说，她理想中的财务自由，与其说是为了满足物质渴望，不如说是为了骨子里的安全感。

“我会老，不知道未来会发生什么事情。我可能会得重病，我家人也有可能会得重病，甚至我家人就已经有重病的了，生活中有不可预料的风险。而且像我们这种没孩子的，老来全靠自己，总要找个比较好的养老院吧。”

她对安全感的这种需求，可以追溯到 2002 年。从那时起，她就是活跃在辩论圈的“老僵尸”之一，因为辩论是她熟悉的生活方式，辩论场给予她安全感。

正是这种活跃，让她幸运地拿到了《奇葩说》的入场门票。直到现在，她还会为了一场大学生辩论赛飞到珠海做评委，然后专门开一个房间办公。“这对于我来说其实是一件很快乐的事。”

积蓄了 37 年的能量，终于踏上创业这条路，作为创业者的马薇薇是幸运的。她极其幸运地站在了内容消费升级的风口，提前开启了“原本准备退休后不为钱也要做”的理想事业；同时，也不可避免地经历着行业的普遍阵痛，在小步试错中艰难摸索着最有可能正确的方向。

作为个人的马薇薇，又是极其矛盾的。她逼迫自己从“放荡不羁爱自由”的人变成适应商业圈规则而圆滑到“没有性格”的人，并因此承受了与自我性格强烈冲突的痛苦。这种矛盾与妥协，或许正是大多数创业者的常态，也是每一个创业故事中，最动人心弦的地方。

对话

×

马薇薇

创业是一场靠运气的试错

记　者：（你带着大家）在珠海开了一个星期的会，是什么问题，一定要那么着急地探讨清楚？

马薇薇：我们大部分时间都在探讨我们能持续生产多久的内容，或者说我们所拥有的“货”能支撑我们在公众面前这样不停地售卖吗？我们有没有再吸收的可能性？我们没有太多地讨论公众偏好，因为我们认为这个是不可测的，不是我们 5 个人坐在一起一讨论，公众就好这口，要那么简单就好了。我们只讨论我们擅长的行业持续输出是什么，我们的生产方式是什么。

我们讨论的第二个问题其实跟内容没什么关系，不像大家想象是进入深刻的、学者似的沉思，我们讨论的是利益分配和底线问题。我们认为这是最容易让大家撕破脸的问题，尤其在公司盈利了之后，说不定大家连朋友都没得做。

记　者：你怎么看待（做内容）没有标准化，今天做出一个好的内容，明天怎么办？

马薇薇：所以我们要趁最火的时候不断开发新的项目，而不是等到力竭的时候，再去想用什么东西接档。那个时候你能想出好项目的可能性太小了，如果真能想出来，那也未免太幸运了吧。

我觉得这是每一个内容创业者都会面临的苦恼，但也是创新的动力。内容创业是可以创出经典来的，好内容一出来，30 年之内你们都看我的内容，但实际上这也反过来说明内容行业又是死气沉沉的。

记　者：自媒体的商业变现模式，你觉得有没有什么标准可参照？

马薇薇：我个人认为，现在自媒体行业成功者总结出来的成功经验，也就只能做个参考，千万不要把它当成判断成功与否的标准。有一个理论叫"幸存者谬论"，就是说我们看到自媒体行业只要火起来，就会觉得你知名，但是大家忘了做自媒体的人那么多，真正火起来的很少，而在火起来的人中，找到变现途径的更少。有的自媒体知名度很高，但其实其变现途径或公司经营是有一定问题的。

我认为没有可以让我们一定成功的原则或道理可循，这一点我们经常聊。我们有一个小群是随时分享业内报告的。我们每天都分享早报、晚报，所有人都在里面分享。倒不是说这些报告一定对我们有用，是我们要随时知道其他人都在干什么，他们干得怎么样。我们必须要知道这一点。

其实，我们没有特别机智的应对办法，用的都是特别土的方法。我不认为这是我个人努力的结果，而是认为这是我幸运的结果，就像《好好说话》，我这个品牌立住了，而且销量不错，所以第二季也跟上了。它是可以马上盈利的项目，对我来说它可以支持公司的正常运作了。那么接下来，实验和赌博的事就放在《小学问》上了。我们所有的新创意、新的小项目包、新的收费包，都在《小学问》上不停地试。我用这种最蠢的方法去试验。说真的，我不认为自己有天才的理念和创意，以至于我觉得我做的某一件事一定能成功。我只是在我的运气和能力范围之内，不断地试验而已。

记　者：你有没有犯过跟你们预期反差特别大的错。

马薇薇：没有，该犯的错误我们都犯过。我们预计到《小学问》会卖得不好，实际上它卖得就是没有《好好说话》好，但它还是盈利了。我认为它不成功，做不大，可它盈利了。

记　者：你们在公司工作是拿工资的吧？你们的成本不真实，你们是自己剥削自己？

马薇薇：不，我们对这件事倒不完全是这样考量的。一开始在经济上进行分配的时候，我就已经充分考虑了创业失败大家不能空手而归的情况，所以我们并没有克扣自己的应有收入。我可以给自己市场价的八折，但不是一两折。如果我们是靠市场上一两折的人员创作成本才实现盈利的话，那这个公司永远没有希望。我为啥不专心去做艺人呢？

我可以说，我们的所有人工费用，可能是其他公司的八折，但是不会再低了。因为那样实现的盈利不真实。而且我们几个都不是那种苦熬 10 年，然后等着一朝上市发大财的人，我们几个都不是这种性格，我是那种有钱现在就得花的人。因为我们年纪够大了，再老花不动了。

记　者：你们确实没有吃过弹尽粮绝、朝不保夕、兄弟散伙的苦。

马薇薇：我觉得我们真的非常幸运，我们不是比人家优秀，而是比人家幸运。我们的第一款产品就非常幸运地成功了，有这款产品养着我们，我们就可以继续尝试其他的了。到 2018 年的时候，我们的短视频也成功了，这样就有两款产品支撑我们去尝试第三款产品了。

这跟我个人的风格比较保守有关，起码我到现在没有很狂野地想做太跨界的事情。这可能也是目前我们还没有摔大跟头（的原因）。可能哪天我忽然脑子抽筋了，想尝试个跨行业的产品，跌一个大跟头，也是说不准的事。

记　者：5 年之后，你觉得你会什么样?

马薇薇：在家庭生活上，我是一个丁克。所以我要小孩儿的可能性，我不敢说是百分之零，但我个人认为是比较低的。其实，我对现在的生活状态很满意，并不认为我在生活上还有什么额外的经济诉求。当然，这不是说我挣的比别人多，而是我的诉求不是特别高。

至于创业，我当然期待 5 年之后还能做出更多好的产品，成为行业真正的内容生产者。一款产品成功的时候，你也不太好意思说自己就是尖端内容生产商，可能是因为运气。有两款产品成功的时候也不好说，当你持续每年都有这样的内容生产出来的时候，这个公司才是真正有价值的，甚至有一天可以像“得到”去罗振宇化一样，我们的公司也可以去我们这些股东化。如果有一天，我们退居幕后了，而我们公司生产的内容依然受到大家的认可，我认为这个时候我们的公司才算真正立住了。

五位创始人之局：兴趣、共识与底线

记　者：说说你创业的事。米果是怎么成立的？你是怎么从一个艺人变成创业者的?

马薇薇：2013 年，我和黄执中、邱晨、胡渐彪——那时候没有周玄毅——几个人组了一个辩论队叫“老僵尸”。比赛后，我们去海岛上玩。玩的时候，我们谈起各自的人生理想，就萌生了一个念头：大家一起做点事。当时，具体做什么大家还没想好，只是简单地想大家一起去做。可以说我们是先成立家庭，然后再考虑是不是要去创业。

我是 2014 年 9 到 10 月参加的《奇葩说》第一季。那个时候，牟頔和楠楠找到我，同时也找了执中他们，请他们做幕后导师。我们一直都进行辩论，能够把自己的兴趣爱好变成一件可以向公众展示的事物，我们都很高兴。第二季他们找到了邱晨。

在录制《奇葩说》第二季的过程中，马东老师已经准备成立米未公司了。同时，他也问我除了做艺人，愿不愿跟黄执中、胡渐彪一起搞点收费内容。当时我们很有兴趣，而且沟通也的确是我们的专长。很快，我们就达成了共识，也就吃一顿烤串的工夫。

记　者：当时，还有谁一起参与？

马薇薇：就我们几个和马东老师。初步谈完意向之后，2015 年 11 到 12 月，我们在珠海闭关了一个多星期，思考这个产品能不能做成。我们做了一个基本的产品大纲和市场分析。那个时候，我们觉得还是有戏的，回来就跟马东老师说咱们成立公司吧。

2016 年 3 月，我们的公司就成立了。当年 3 月底，我们所有人就都到北京了。我是做艺人来了，而邱晨、黄执中、胡渐彪都是为了创业。当然，创业也是我来北京的最大目标，光靠做艺人这一项，我可能不会彻底搬到北京。

来北京之后，我们做的第一款产品就是《好好说话》。从研发到上线，大概用了三个月的时间，速度非常快。进行研发那段时间，我们几个都非常辛苦，一天到晚都快累死了，天天在家开会写稿。《好好说话》卖得不错，紧接着，我们就开始做《小学问》，包括现在的短视频产品《说说而已》。就这样，我们慢慢做起来了。

记　者：马东老师是董事长，胡渐彪是公司 CEO，那你这个副董事长目前主要负责什么？

马薇薇：对，马东老师是董事长。目前我主要负责管理生产团队，和马东老师之间的沟通，跟资本方之间的沟通，和外面进行一些接触、融资等，以及我们合伙人之间的利益分配。至于品牌形象的建设，其实就是多接受点采访。公司的具体行政我是不管的。

记　者：米果现在开始融资了吗？

马薇薇：没有。我们在战略上没有浪费资金，早就盈利了，所以我们是不缺乏资金的。但说到进一步发展的话，我们跟马东老师是有一个方向的。

记　者：你在公司的股份比他们几个相对多一些吗？

马薇薇：是的。这意味着我的压力和责任也更大，我也更上心了。但我很幸运，周玄毅和黄执中都是利益诉求非常低，而且不在乎公司走向的人。他们俩都很讲书生义气，对他俩来说，活下去的成本太低了，因为他们的精神世界太丰富了。胡渐彪是一个愿意牺牲自己成全别人的人，邱晨是一个小富即安的人。能和这样几个有才华的人一起做事，我是很幸运的。

记　者：你有没有设想过最坏的情况，大家因为利益的问题而分道扬镳？

马薇薇：不用设想，我们公司发生过。我们一开始还有一个合伙人，叫刘京京，也是一块儿进行辩论的。她没有参加《奇葩说》，但是我们关系很好。一开始，大家都比较天真，听者有份。但是在创业过程中我们发现，京京在澳门，而且她也打算在澳门定居。从时间角度来看，她就没有办法投入到创业过程中，而且也没有很强的内容供给。那时候，我们就谈了一下，然后她就把股份以非常低的价格卖给了我。

我想说的是，我们之间的沟通是非常理性和为对方着想的，这背后的原因是我们一直规划要一起养老。我们都没有孩子，没有家庭，这意味着我们就是彼此的家人，很多事容易糊弄过去。而很多创业者面临的问题在于他们有各自的家庭，有各自的财产传承方式，所以对他们来说，最终个人拥有多少财产、多少股份是非常重要的。而对我们来说，我们就是未来的家庭。我们大家庭的利益是非常重要的。

记　者：（现在的创始人团队）有没有底线共识?

马薇薇：我们几个的底线很怪。黄执中说他的底线叫 Wi-Fi 通畅，我觉得 Wi-Fi 通畅的背后就是永远不要打扰他的少爷生活，他不希望工作繁重，也不希望承担太多责任，可以在利益上多让步，但绝对不在自己的休闲上多让步。胡渐彪说他不接受背叛，我觉得不接受背叛的意思在于利益上要跟他明商量，哪怕跟他争抢都可以，但其他人不要搞小团伙。邱晨的要求是公平，我对公平的理解是她不想成为利益分配者，但随时会成为抗议者。周老师跟执中差不多，就要求生活平静，也就是说公司内外事务我们都别指望他，但是钱可以少分点给他。我们诉求不一样，这使我们之间是可以协调的。

价值 4 亿元的安全感

记　者：现阶段，你觉得自己应该创业还是忙着做艺人，你心里对自己是怎么认知的？

马薇薇：我个人觉得我对企业这边管得是比较多的。原因非常简单，就是因为做艺人不用费脑子，越费脑子越闹心。像我这种只是在线上有点知名度，一不能拍电影，二不能拍电视剧，三不能唱歌，四不能跳舞，还不会演小品的艺人，我费脑子能干什么呢？既然知道自己并不具备在演艺方面常青的可能，那我想那么多干什么，想多了闹心。

记　者：你将来有可能自己挑头当一名企业家吗？

马薇薇：看时机成不成熟吧。我觉得创业很多时候在于你的周遭环境是不是能够为你提供这样的判断和决定，而不是你的畅想。是环境塑造你成为什么样的人，你的自由选择权在命运面前真的不大。我可能比较悲观吧。

记　者：那你的（创业）诉求呢？

马薇薇：我的诉求比较庸俗，就是财务自由。

记　者：你觉得财务自由是在哪方面自由？自由到什么程度？

马薇薇：说两个有关财务自由的参考数据：高晓松老师算出来的是 4 亿元，马东老师算出来是 2.5 亿元。我觉得参考一下他俩的数据吧。因为他俩在我心里都是生活得并不奢靡，但是又很自在的人。我个人认为，这可能是我心目中一个比较理想的财务自由方案。至于大家说的什么购房自由啊，购车自由啊这些，我没有办法自己去推算，因为你可能想买贵的房子，还可能想买城堡，想买飞机呢，你的欲望如果大的话，你永远都不自由。所以，我反而有一个比较具体的想法。

记　者：假如现在你的账上就已经有 4 亿元，你现在的生活会有翻天覆地的变化吗?

马薇薇：真的不会有。我小的时候家庭状况还可以，这使我从小就没有很强烈的物质匮乏感。我从来没有“就等我有钱了，我要去干什么”的这种念头，没有什么特别想要购置的东西。但这并不是说我现在很有钱，什么都买得起，只是一些东西并不在我的规划里，也不在我喜爱的范畴里。

记　者：既然物质不匮乏，也没有很强烈的欲望，为什么还要财务自由呢?

马薇薇：安全感啊，当然是安全感。我会老，不知道未来会发生什么事。我可能会得重病，我家人也可能会得重病，甚至我家人就已经有得重病的了，而且生活中还有不可预期的风险。我不是说所有事情都能用钱解决，但有钱的确比没钱好，这是我对财务自由的要求。而且像我们这种没孩子的，养老全靠自己呀，还是要找个世界上比较好的养老院。

肆

安传东

小人物与命运之争

“逻辑完全不成立。典型的创业者假想出来的市场，能做大我名字倒着写。”经纬中国创答会上，安传东还没讲完自己的商业计划，就被投资人张颖打断了。

安传东用了 8 个字总结自己当时的状态：故作镇定，六神无主。“我是个创业者，不会被几句话轻易打倒。但是一个资深投资人对我提出了反对意见，我也没有很好的想法去反驳他，那我只能从自身去找问题了。”

1 个月后，这个项目叫停，安传东再一次回到了起点。这是一个小人物想通过创业改变命运的第二次大型尝试。往往脚本还没有写好，他就已经登上了舞台。

“如果你不能比别人看得远，那肯定是没有别人走得远”

“我叫安传东，是一名草根创业者。创业的辛酸也许只有真正走在这条路上才能感知，但我们更多地是坚持我们的梦想。是感性还是理性，自己会有一个答案。”

2014年“两会”之际，在搜狐财经“我们都是追梦人”系列报道里，安传东写下了自己的创业决心。那时，他刚从搜狐这个光鲜的大平台离职，满怀激情地投入创业中。

他赶上了好时候。那是资本旺盛的一年，“双创”的口号传遍全国的大街小巷，O2O（线上到线下）的概念被炒得火热。那时北京的创业大街上，到处都是叫嚷着要做百亿元、千亿元大生意的野心勃勃的创业者。

2015年，安传东受邀作为青年创业代表见到了总理，交流创业难点。当时，他正在做一个名为“驿千米”的让大学生在校园内自主接单送快递的平台。有了政策“尚方宝剑”的加持，安传东很快就拿到了千万元的融资。

面对突然打进账户的一笔巨款，安传东一开始的慌张是可以想象的：“我不知道该怎么花这笔钱，刚开始那一两个月，钱基本上没怎么动，但是之后花得特别快。这些钱是钱吗？花起来的成就感都没有它本身的价值和意义大。”

巨大的慌张过去，就是巨大的膨胀。当时的雇用实习生薪水，是他拍脑袋想出来的；跟物流公司走账，也不知道管理账期。眼看着公司的资金缺口越来越大，而他却始终没有明确的盈利模式。

其间，他和ofo创始人戴威曾打过一次照面。彼时，戴威苦于开拓共享单车校园市场，而安传东已经坐拥千万元天使融资。安传东并不看好与ofo的合作，他不觉得ofo会有多大的发展前途。

一年之后，两人的境遇大相径庭。ofo急速扩张，而安传东的团队却因为资金链问题而黯然解散。事后，安传东回忆：“自己当时有一些自大，有一些膨胀。商业模式还是要看人的眼界，如果你不能比别人看得远，那肯定是没有别人走得远。”

第一次创业，安传东同时经历了顶峰和低谷，也明白了创业的基本逻辑。“偶尔一次到达顶点是比较幸运的，当整个社会对创业已经没有那么热了，你真正脚踏实地做一件事情的时候，才是考验你的胆识、眼光、远见、能力以及你能不能找到比你强的人的时候。”

只是真正考验他胆识、眼光、远见、能力的第二次创业，依然散发着些许投机的性质。

第一次创业失败后，投资人建议他先做一些临时的公众号代运营项目。做了不久，他感觉美食、美妆、体育这些领域有出现风口的迹象，而做美食出现风口的概率更大一些，尤其是短视频的形式，会有更多机会。

他把项目命名为“跨界美食家”，从哲学层面去解释跨界：“中国的文化讲究万变不离其宗，知其一，你就可以顺，可以随需应变。我之前没有做过短视频，但作为一个年轻人，我的优势就是能够快速学习，在学习中比别人跑得快、学得快。”

真正的跨界显然没那么简单，技术壁垒重塑、商业模式转型、思维能力迁移、团队协作重组……每一关都是重重考验。饱受跨界之痛的猎豹创始人傅盛说：只有 10% 的公司能通过转型活下来。

经营半年多后，问题开始集中爆发：人员不到位，盈利模式不明，发不出工资……他形容自己当时“比较慌乱了，不知道怎么在短时间之内，调整出比较好的状态”。被张颖质问后，他回到公司照常开会。会上，他跟合伙人就公司下一步的发展方向吵了起来。

事后，他仔细想想，觉得自己在会上提出的方向是欠妥的，眼下的问题并没有解决。

最困难的时候，他回到家会翻《道德经》：“中国人讲一命二运三风水，一个人做什么事有命里的运数。可能你一开始就被规划成这样的路线，你的性格、你身边的人、你的经历，都是为了去承接更好的你，你放手去创业就可以了。”

大多数创业者的命运轨迹，多多少少都有着运气的成分。而在安传东的认知里，这种运气似乎更多地混杂了命运。从这个角度来看，他的内心非常矛盾：一方面，他相信创业是为了改变命运；另一方面，他笃信命运和风水，一个人创业做什么项目，是一开始就被规划好的。

2017 年十一黄金周之后，安传东就把“跨界美食家”项目正式叫停。搬出办公室的那一天，他用手机放起了许冠杰的《浪子心声》：“命里有时终须有，命里无时莫强求……”伴随着无奈而洒脱的旋律，安传东的第二次创业落幕。

从校园快递平台到跨界美食家，安传东一路走得很快、很急。有复盘，但差了深度；有努力，但缺乏章法。这种风口驱动型的创业经历，或许也是当下很多草根创业者创业的缩影。而创业之路本就充满失望，投资人张颖曾给出一个数据：97% 的创业公司会在 3 年内死掉。满眼望去，都是白骨。

“人家坐着的时候，就已经比你站着还要高了”

安传东是彻彻底底的草根，老家在河南安阳农村。高三暑假那年，他跟着做泥瓦匠的父亲第一次来到北京，顶着烈日在天坛祈年大街搬砖砌墙。每天放工吃完晚饭，他会徒步走到天安门广场。天安门广场很恢宏，可以看到毛爷爷，那是他小时候想象不到的场景。

搬了 20 天砖，该结账的时候，老板企图赖账。2007 年，拖欠农民工工资是很常见的，父亲和叔叔拉着他，三个人手拉手上天台，这才讨薪成功。

跳楼讨薪成了他接触现实世界的第一课。他第一次感受到钱没有那么好挣，也不是所有人的努力跟回报都成正比的。“为什么人与人的区别会这么大？如果你处于最底层，有什么办法让自己跳脱出来？”

从那时起，他就坚定了要来北京的信念，要在北京打拼出属于自己的一席之地。在此之前，他不是一个叛逆的孩子。

2009 年，安传东考入中国人民大学哲学系。学习显然不足以让他的命运翻盘，他发现身边每一个从农村考过来的同学，考试成绩都不如城里的孩子。“不是我们的能力不行，而是我们的起点特别低。人家坐着的时候就已经比你站着还要高了，你要不断交学费，弥补人家 20 年之前就已经打好的基础。”

他想用另一种方式来证明自己。对他而言，具体方式不重要，重要的是出人头地。创业，是他给自己的答案。他开始转变思路，大二就转系，找兼职，拉上同学做网站，当销售……学习上，他给自己定的最高标准是：60 分。

2014 年，安传东辞去光鲜的名企工作，如愿投入创业大潮。“我是从农村来的，本来就一无所有，要把这股劲头放到创业中。”只是一无所有的他没能成为厮杀的胜者。烧完所有的融资之后，最终团队解散，只剩下他一个人。

创业失败后的很长一段时间，安传东每隔两三个星期就要找父母接济，“当时，最让我心酸的是，我爸说你每天这么辛苦，你上这么长时间的学，也可以有一份比较好的工作，为什么要选择这种方式呢？为什么要去找他们要钱呢？”

2017 年年底，草草结束两轮创业的安传东回到了河南。坐在老家宽敞的门楼下，他跟父亲唠起在北京的创业经历，唠着唠着就掉下了眼泪。

他没有退路。他不可能回到河南农村老家种地，也不会种地。“每个从这里走出去的人都想落叶归根，但是每个人都不可能真正回来。”与他年纪相仿的农村亲戚家弟弟这样说。

他想在北京立足，买一套房、提亲、结婚、完成父母敦促他的事，老家的一个房间都比他在北京住的一套房子大。父亲一直在一旁安慰他："我的要求真的不高，穷人家小孩创业，没有根基。"

门外，庆祝春节的锣鼓开始敲响，街坊大婶穿上喜庆的演出服，卖力地走街串巷扭秧歌。农村的春节，总是格外热闹，场面很大。安传东穿过水泥巷子，走到那片裸露的自家庄稼地跟前，久久地伫立。远方，响起了一阵冬雷。

回北京之前，父亲把自己的储蓄卡偷偷塞给安传东，让他早点把两个合伙人的工资结了。

"我想扭转我这类人所处的不公平的局面"

安传东并不避讳自己的农村出身。他坦言自己身上有很多与生俱来的谨小慎微和小农思想；他自觉从七八线农村跳到一线城市，视野和根基没有别人高；他羡慕别人有钱有闲，能出国读 MBA，不断去提高自己的认知，然后赚更多钱。

"看起来，他们比我们轻松太多了。我觉得这是限制我的一个重要因素。"

他坚信创业是摆脱这种限制最快的方式，可以让他脱离父辈的思想禁锢，脱离原有的平台，自己去打造一个平台，让更多人认识自己，或者产生一定的价值，最终实现自己的人生目标。

这种价值具体是什么，安传东似乎一直没有表达得很清楚。从校园快递平台到跨界美食家，他的出发点总是跟风口、趋势、潮流有着千丝万缕的联系。

他说过创业是为了认识自我。他最大的生活开销不是衣食住行，而是买书，很多时候他与人吃饭也是为了见不同的人，接触不同的思想。"我不断做很多事情。在学习、在反观自身的一些弱点或者能力边际的时候，我很清晰地认识到自己是一个什么样的人，我可以做什么样的事情，我的潜能在哪里。这件事情带给我的愉悦感远远超过我去工作或者做其他事情。”

他需要保持一种战战兢兢的状态，每天逼迫自己学习、往前走、掌握更多技能，把自己变得更优秀。这是他创业的最大动力，他想让自己变得更好一些。

他相信创业是自己的宿命，是最适合自己的生活方式。他害怕停滞不前。“我最不能允许自己的就是犯懒。即使一个项目结束以后，有一段时间（看似）犯懒，其实我也是一直在积蓄力量。这股力量就像火山，总有一刻会爆发的。”

他用肯德基老爷爷 64 岁高龄创业成功的故事去激励自己——创业无止境。同时，他又秉信潮流的力量，只有时代性的公司，没有长远的公司。从最早略带共享性质的快递 O2O 到美食行业，再到短视频行业，他习惯于追赶时下最流行的消费和创业趋势。他不缺快速学习和思考总结的能力，但是潮流不等于创业的全部。

他说过，他创业是为了获得一种征服感。“我相信大部分男人都会有这种感觉，想要去征服一件事情，或者爬一座山。（每个人）证明自己的方式不一样，我证明自己的方式就是创业，通过不断积累自己失败的经验，靠自己的本事来积累财富。我这么做最根本的目的还是获得内心的满足感。”

他说过，他创业是想要活出自我。“农村孩子唯一的向上通道就是考大学、去大公司或者考公务员，这样能预见自己未来 10 年、20 年会到达什么样的状态。但我觉得那不是我想要的人生。来到北京，我发现人生有很多可能。如果你不愿意循规蹈矩，那就去做自己想做的事情，让自己有更大的收获或认知。”

他说过，他创业是想改变命运的不公平。他不想自己的孩子以后像父亲那样一边每天做着体力活一边受着委屈，还要通过一些不是办法的办法去维权。“与其去遵守不公平的规则，还不如让自己变得更强大一些。创业是很好的方式，可以让自己变得更强。我可以无孔不入，心变得很宽很大，可以包容很多委屈。我想去改变我这类人面对不公平的局面时的状态。”

改变不公平，似乎是支持安传东创业最大的一个信念。其实，这也是无数草根创业者，乃至无数在大城市打拼的年轻人的写照。在大城市，每个人都会一直往上爬。

他身上的一切——背景、性格、家庭……似乎都在导向创业这条路。而相对模糊的，可能是一个最本质的、具体而微的初心。

这种初心，或许是马云当年所说的“让天下没有难做的生意”，或许是程维的“让所有人想打车的时候可以不费力地打到车”……它是绝大多数创业者成功必备的一个有社会价值的起点。

2018年年初，在投资人的鼓舞下，安传东又开始了新一轮创业。这次，他的角色不再是创始人，而是CEO。他面临的问题从如何找人、找钱变成了既有团队的协调与管理。这是一个新的舞台，是通向创业之路的一场热身。

安传东的模样，像极了我们每个人年轻的时候，非常努力、充满激情、有点运气，但没有资源、没有经验，一次又一次地被现实捶打，希望从自我、社会甚至命运、风水中寻找答案。

创业本就是一条千辛万苦的路，把创业当作一种生活方式、一种自我迭代的手段，抑或改变命运的路径，都是对创业的个人诠释。这是草根创业者安传东的朴实欲望，也是千千万万小人物想要通过创业改变命运的初心。

只是创业从来不是只用于满足个人目的的。创业是思维跃迁，是科学管理，是九败一胜，是以创新、提供社会价值为本的。只有当所有条件都具备的时候，创业者才有可能达到光荣与梦想的顶点。

对话

×

安传东

一个年轻人的创业初体验

记　者：经纬创答会上，张颖质问你的项目模式，你那时候的感觉是什么？

安传东：当时，我是表面上故作镇定，实际上六神无主。一方面，我做了这么长时间，踩了这么多坑，又不是什么都不懂，如果他怼两句我就轻易放弃，那我为什么还要创业呢？另一方面，我被一个资深投资人质疑了，也没有很好的想法去反驳他，那我只能从自身去找问题了。事实也证明了他提的这些是正确的。当时，我回去之后特别慌。那时候，员工工资发不出来，之前谈好的投资也泡汤了。这也促使我开始反思这个项目的正确性，及时止损。

记　者：之前看到你都觉得你还蛮乐观的，可那次你一下子泄气了。

安传东：那时候我也在犹豫，思考自己是不是真的选对了方向。现在回顾我的两次创业经历，我发现：做第一个项目时，我是特别幸运的，没有考虑赛道，融资特别容易，做事也比较顺利；而第二个项目就是红海竞争的行业，相当于进行一场马拉松比赛，你刚跑上赛道，前边两个巨头马上就到终点了。

记　者：作为一个初创公司的 CEO，你觉得你的工作重心是什么?

安传东：这个要看公司发展的不同阶段。第一个月是梳理公司的整个商业逻辑和方向；等产品出来之后，要测试有没有人为这个产品买单，这时需要人员的配合和资源的支持。总结下来，还是网上说的：找人、找钱、定方向。

记　者：找人、找钱、定方向，对你来说，这三项哪一项是最难的?

安传东：其实这三项都挺难的。但是对于所有创业者来说，找人永远是最难的，因为这个时代靠谱的成本特别高。打个比方，比如很多小朋友特别有想法，也有很多机会可以选择，一旦失去兴趣或者耐心，他们自然也就不依附你了。

记　者：你还不到 30 岁，毕业没几年，为什么说到这个话题好像苍老了很多?

安传东：我是一个从七八线农村跳到一线城市的有梦想的年轻人，选择了创业这条路。谈到找人、找钱、定方向的时候，我的想法和出身就决定了我的根基没有别人深。

城里孩子真的有一部分情商和智商都很高。我之所以选择创业，就是因为大学的时候，我的智商被揭穿了。考试考不过，情商又不行，那我还混什么？只能不断地交学费，弥补自身的不足，追赶人家之前 20 年就已经打好的基础。我从大二下学期就开始创业了，大三开始去公司实习。

记　者：你有为弥补自己的短板做一些尝试吗?

安传东：没有尝试。我发现聪明的人更容易放弃，因为他们能更快地感受到这件事情能不能做成。我们这些笨人也有一个明显的优势，说固执也好，坚持也罢，能够多走一步。

创业到现在，我也跟很多优秀的人聊过。其实商业跟下围棋是一样的，从前三步是看不出未来是什么样的；但第四步、第五步之后，你已经可以知道未来的局势或走向是什么样的了。所以，不要太在乎自己一开始比别人笨、比别人差，你要做的就是在处于劣势的时候不放弃，想办法突围。

记　者：融资的故事可以再讲讲吗?

安传东：融资要靠天时、地利、人和。2015 年，我参加了一次交流会，作为青年创业代表跟总理提了几个创业中的困难点。就这样，我有了政策“尚方宝剑”的加持。也是我的运气比较好，那个时候正好是 O2O 比较火热的时期，只要有想法，就能拿到钱。而现在，更多资本趋于理性了，现在再做这些事情是拿不到钱的。

记　者：24 岁就拿到上千万元的融资，当时你是什么感觉?

安传东：感觉就像天上掉馅儿饼吧。但是那笔钱并不属于我，我没有真正地拥有它。一开始，我不知道该怎么花那笔钱，前一两个月基本上没怎么动，但是后来花得特别快，这些钱是钱吗？你花起来的成就感都没有它本身的价值大。

记　者：你曾经到过高点，当时爬得越高，现在越难受，你有没有这种感觉?

安传东：我的心态锻炼出来了。偶尔一次达到高点，是靠运气或者贵人帮助。现在项目进行不下去，还是因为自己的能力不够，远见不够，或者切入点不行。

记　者：有没有苦涩的感觉?

安传东：没有吧。我最近在看《道德经》，领悟了一个道理——命里有时终须有，命里无时莫强求。这一方面是安慰自己，另一方面也是有些无奈，毕竟不是所有创业者创业一两次就能成功的。可能创业的时间点或方向是对的，但是没有成功，那就应该转变方向，千万不要抱侥幸心理，创业最关键的是要懂得及时止损。

记　者：《道德经》里有你创业需要的答案吗?

安传东：中国人讲一命二运三风水，我觉得一个人创业该选择什么方向，可能有命里的运数，是一开始就被规划好的。(命运)给你这样的性格、给你身边这些人、给你这样的经历，都是为了成就更好的你。中国一些优秀的企业家，出生在那个年代，有机会把企业做成这样的规模，运气还蛮重要的。

记　者：你相信命运吗?

安传东：这个比较难说。我信命又不信命，这要看近一段时间的状态。如果我的状态非常不好，信命是一种自我安慰，人是需要这种心理安慰的；如果我的状态是精力充沛，想做事情，那我就不会信命，只相信命运掌握在自己手里。

记　者：面对现实生活，你的焦虑是什么?

安传东：我生活中的焦虑就是穷，经常靠我女朋友解燃眉之急。我俩经常因为物质吵架，比如我跟她借钱，她不借，我就会特别生气。其实我这样特别不对，她跟我是一个战壕的。

记　者：你在什么情况下会跟她借钱？

安传东：比如公司这个月记账费两千多元，我拿不出来，需要她帮我解决；比如房租是我俩分摊的，我出一大部分，她出一小部分，但我每个月工资都不够花，她就得先垫上。

工作或者创业没有特别能打垮我的，但我跟她之间的这种小事还是蛮戳心的。现在想想，我作为一个男生，创业这么长时间，她一直付出比较多。我没有时间陪她，只是偶尔请她吃个饭，很多时候还要她接济，这样特别不应该。

记　者：你怎么克服那些焦虑？

安传东：压力特别大的时候，我喜欢吃东西。我的肠胃特别支持我，昨天中午我一人吃了四份面，所以现在肚子越来越大。当然，我的体力也比较跟得上——创业之前，我还有六块腹肌。我的睡眠也特别好，不会因为什么事情焦虑失眠，除了偶尔的一两次。我也没有什么情绪困扰的问题，父母都比较支持我。当然，他们也有情绪和不满，但好好沟通之后，很多事情还是可以解决的。

一位 90 后的人生第一课

记　者：用最简短的方式说说你的人生第一课。

安传东：我的人生第一课是 2007 年夏天（从河南老家）来北京搬砖。当时，我住在天安门旁边一个废弃的小区里。每天早上 7 点上工，晚上 7 点放工，我的工作就是拿铁锹和灰，一天挣 140 元。对一个孩子来说，这工资已经蛮高的了。

就这样干了一个月，我们发现包工头跑了。那时候，拖欠农民工工资还是非常常见的。然后，我爸、我叔就拉着我上天台，准备跳楼讨薪。因为我是小孩，需要坐在楼边，所以我心里特别害怕，我比较恐高。

这件事对我的打击特别大。我是一个特别本分的人，做了应该做的工作，没有偷懒，却拿不到应得的辛苦钱，很心酸。从那个时候开始，我觉得我一定要来北京，打拼出属于我的一席之地。

记　者：你觉得创业是打破祖辈身份阶层最快的方法？

安传东：可以这样理解。在教育资源不平衡的情况下，农村人唯一的上升通道和方式就是考大学。可就算考上大学，他们也只能去公司当白领或者考公务员。你能预见自己未来 10 年、20 年是什么样子的。我觉得那不是我想要的人生。来到北京之后，我发现人生有很多种可能，可以当公务员，可以创业，可以当小商小贩。如果你不愿意循规蹈矩，那就做自己想做的事情，跳出原来的阶层，让自己有更大的收获或认知。

记　者：你觉得农村出身限制了你的想象力吗？

安传东：想象力是一方面，另外是对一些事的认知，比如买房。我家一年种的麦子能卖四五千元，但北京的房价以每年上万元的速度上涨。你在农村种 10 年、20 年的地，连北京 1 平方米的厕所都买不起。我用原来的方式在我想打拼的城市生活，肯定是不行的。

另一方面，物质基础真的决定了上层建筑。你每天要面对公交卡刷不起了，电费特别贵，电脑坏了舍不得修……没有办法想更多的事情。我其实蛮羡慕有人能出国读 MBA，不断提高自己的认知，然后通过认知又进一步提高自己的收入。他们看起来比我们轻松太多了。

记　者：第一次说要创业的时候，你家人的反应是什么？

安传东：我其实没有跟我爸进行特别深入的沟通，很多事都是自己做了很长时间，我爸偶然问起来才说。他们不会特别支持我，但也不会阻挠，一定说农村人就应该老老实实、本本分分地找一个好工作。我爸经常让我妈给我打电话，问我最近怎么样，有没有什么问题，什么时候回家吃饭。我回家吃饭的时候他就给我塞钱，说大钱帮不了我，但吃饭的钱还是有的。他们是我创业的根基。

记　者：第一次创业失败的事情，跟家人说过吗？

安传东：说过。有些东西还是我爸帮我收拾的。虽然具体情况我没告诉他，但他也知道个大概。他觉得我只要比之前有进步就好了。他怕我失败了就一蹶不振，不愿意去折腾了。我们该处理处理，该整理整理。

创业是唯一的答案

记　者：通过创业，你想改变什么？

安传东：首先是想改变自己。我发现自己身上有很多与生俱来的谨小慎微和小农思想，创业是能帮我摆脱这些弱点的最快方式。我要脱离父辈的状态，摆脱身上的弊端，自己去打造一个平台，让更多人认识自己，让自己有一定的价值。我也不想让我的子孙后代继续以那种状态去生活，想让他们都变成比较明智的人。我会告诉我的孩子，你有很多种方式去改变自己，一定要选择最适合自己的。这是我创业以来最大的信念。

从深层次来说，我想改变一些不公平的现象。创业是实现这一目标很好的方式，让我变得很强，心胸变得很宽广，可以包容很多委屈，去扭转我这类人所面对的不公平的局面。我算是农村孩子里面比较幸运的，遇到了很多好人。但是中国农村人口特别多，阶层分化特别明显。来北京之前，我对北京特别憧憬和向往。干了两个月之后，我手上全是泡，还要站到楼顶去讨钱。当时如果我真从楼上跳下去，摔残了，在轮椅上过后半生，那跟现在又是不一样的结果。

记　者：你有没有在某一个时点怀疑过自己?

安传东：我想过去一家公司上班，但最后还是选择了创业。在创业这条路上，我从来不会怀疑自己。我经常有一种感觉，就是阶段性地发现自己什么都不懂，什么都不会了。我需要重新去学，把以前的知识和想法找回来。可能我最擅长的，或者说我的能力就在于我可以认识到自己的不足。对于创业，我认为它就是我的宿命，我应该去坚持这样的宿命。

记　者：你觉得自己在创业路上遇到的最大障碍是什么?

安传东：经验对我来说是一个坎儿，我没有在大公司接受过系统的项目历练。此外，我之前做的那些事，虽然可以总结出方法论，但没有被验证过，我不知道它正确与否。

我需要不断弥补短板、调试自己、不断摸索、请教老师专家，让自己的格局更大一些。我对自己的学习能力还是比较自信的，只是需要一定的时间，把方法论总结出来。

记　者：是什么契机，让你开始了第三次创业?

安传东：我的上一个项目停止是在 2017 年 10 月 7 日，我加入现在的项目是在 2017 年 11 月 14 日，也就一个月的时间，转变蛮快的。我自己内心挣扎过——应该去打工还是接着再折腾，这时笑姐（投资人）来找我聊。当时，她正在做习读这个项目，团队里没有做过互联网的项目负责人。我当时抱着报答知遇之恩的心态，就加入了。另外也是因为这个项目是我特别看好的，尤其对于教育和国学，我自己平时就喜欢看一些《说文解字》之类的书。对于古文，我也比较感兴趣，觉得它有很大的发展空间，比上一个项目的前景或社会价值更大。

伍

罗永浩

『异类』的蜕变

2017 年 5 月 9 日，45 岁的罗永浩对着深圳万名群众，发布了创业后的第五款手机——坚果 Pro。

坚果 Pro 后来被证明是锤子科技的翻身之作。一边跌落谷底，一边拼命翻身，是这家“异类”公司成立 6 年的常态。

而关于发布会上那场著名的哽咽，罗永浩后来的解释是“可能有点‘产后抑郁’吧，有的女人生了孩子以后无缘无故就要哭一个礼拜，每次产品发布我都有这种感觉，那天可能有点外露”。

罗永浩从来都不是一个传统意义上的企业家，甚至他正好是那个形象的反面：偏执，狷狂，愤怒，感性，自傲，单打独斗，睥睨一切，理想主义，情怀代言人，自封“中国互联网第一代网红”，个人名气远高于公司。

直到他创办了锤子科技。

创业意味着优点可能成为缺点，缺点可能被无限放大

2012 年，iPhone4（第四代苹果智能手机）推出两年，小米第一代手机刚刚问世不久，vivo（一个专注于智能手机的品牌）刚推出 X 系

列，华为的荣耀品牌还差一年出生，魅族要晚两年才有魅蓝，HTC（宏达国际电子股份有限公司）、联想和中兴都雄心勃勃，中国手机品牌似乎正在崛起。谁也不曾想到，短短几年过后，几家欢喜，几家愁肠。

在靠技术推动的手机行业里，没有业内大腕加持的锤子科技显得微不足道，最初只在“中国第一代网红”的粉丝圈子里激起一点浪花。而在“电子产品发烧友”罗永浩的眼里，情形则全然不同——这个世界即将再次被改变，而他一定会站在最前沿。

今天，他已经可以坦然承认这句话背后的鲁莽。“我进来的时候已经有点儿晚了，早一两年可能早就赚钱了。雷军做的时候时机就非常好，那一年是非智能机换智能机的高潮节点。”

只是，如果重来一次，他的选择或许依然如此。一个被当成相声演员的人，从当英语老师、开博客网站到办教育机构，有着上天赏饭吃的好口才和幽默感，即使什么都不做，一年办 30 场脱口秀也足够他活得滋润。

但他总会在人生的某个节点，按捺不住儿时第一次看到电视机盒里跃动的画面、看到 CD 机（激光唱机）闪烁着古怪的光芒、听到索尼 Walkman（随身音乐播放器）从耳机里飘出音乐时的震撼和从此埋下的梦想。他不在乎将要进入的领域是不是红海[①]。

或许这也是创业的迷人之处。正是某些貌似不是足够优秀或者足够深谋远虑的特质，使你有可能做成更大的事。

尽管如此，在跨界竞争惨烈的行业，技术、人才壁垒重重，由于错过入行的最佳时机，从创业第一天起，罗永浩每一天都面临着生死之战。当终于收到好朋友唐岩的 900 万元天使投资时，他甚至被深圳的供应链厂商笑话：做山寨机都要拿着上亿元起步。

---

① 红海是一个经济术语，指的是竞争相当激烈的市场。在红海中，产业边界是明晰和确定的，行业的竞争规则是已知的。——编者注

但他是天生骄傲的罗永浩。他夸口“我觉得我在营销、传播、推广方面很强，把这些用在一个小众产品上[①]肯定是错的”；他发文章《为什么看起来只有锤子科技最可能成为下一个索尼或下一个苹果？》；他评价小米是“手机期货”“耍猴式营销”，甚至一度为自己的犀利洋洋得意，“雷军确实被我们逼得重视设计和假装有人文情怀了”。

如果还是最早期的“相声演员老罗”，这些言论会为他带来一拨粉丝，但他现在是想做手机的相声演员，一个彻彻底底的门外汉。很多人不会为这些犀利言论叫好，相反，他们会在没看到产品前把锤子直接拉黑，只是因为讨厌他的性格。他甚至因为曝光行业内幕得罪了一批毫无利益关系的品牌，引来同事抱怨“你少说两句我们就不会结这个仇”。他的好口才成了这家公司最大的争议点。

2014年，第一款锤子手机T1的跳票[②]让罗永浩尝到了更为苦涩的后果。

中国手机行业有个规矩，所有的新来者谁都绕不过产能问题。一部手机需要几百甚至上千家供应商提供元器件，这些元器件大多利润很薄，无法起量的新来者基本没有议价权。罗永浩嘲笑小米的那些言论，在他自己的产品上一一验证。T1发布不久，整个生产线直接叫停整顿，他几乎住进富士康工厂，但也难以挽回局面。

那一年，T1的销量只有区区25万部。而同年，中国智能手机出货量为4.2亿部，其中小米出货量为6 000万部。

这是现实给创业者罗永浩的第一重暴击。

当年年底，他以“一个理想主义者的创业故事”为题做了最后一场个人演讲。现场，他哽咽着鞠躬表示，要认真学做企业家，并宣布把个人微博密码交给公司公关部，将来所说的每一句话要经过公司审

---

① 此处指罗永浩创办锤子科技之前做的英语培训项目。——编者注

② “跳票”本为金融用语，指支票账户内没有钱，银行无法兑现支票。现在，“跳票”用来指无法在原定发售日推出产品。——编者注

核再发布。

自此，“罗永浩可爱多”的微博昵称消失了，取而代之的是“锤子科技 CEO”。他还在不同的场合公开向雷军道歉，“过去是我无知不专业”。

对大多数在中国土壤上生存的企业家来说，低调慎言是最基本的素质。而对个性鲜明的罗永浩来说，这是他做企业最不能适应的部分，他需要经历磨砺、捶打，在自我对抗的痛苦中实现自我完善。这是他从有鲜明人格标签的个人 IP 蜕变为合格企业家的第一步。

在一场又一场的打脸中，企业家罗永浩找到了与相声演员老罗共处的合理方式：部分利用，部分妥协。用精确可控的“嘚瑟”来助力公司的市场公关，毕竟以锤子科技的财力，光发布会的预算就比同行差了几个量级。

只是企业家罗永浩的“嘚瑟”，性质完全不同了。“现在再嘚瑟也没有早年那种瞎嘚瑟的快感了。”罗永浩的快感如今被手机完全占据了，“这辈子做的所有事业，这是最快乐的一个。虽然累、难、耗时漫长，但我自己还是挺高兴的，事业上的满足感很强。”

告别“老罗”，是创业中的罗永浩自我蜕变的开始。

创业是一场脱敏的过程

在中国，做手机堪称是最苦的行业，3 年就是一个生命周期。从 2012 年到 2015 年，中国城市手机覆盖率迅速超过 97%，而后趋于疲软，整个手机行业跨入死亡之海，以大可乐[①]为首的一大批国产互联网手机品牌纷纷倒下。

① 大可乐手机是北京云辰科技有限公司旗下的安卓智能手机品牌。2012 年 9 月 27 日，大可乐官方网站正式上线；2012 年 11 月 5 日，大可乐手机正式发布；2016 年 3 月 9 日，大可乐关闭。——编者注

凭借高辨识度的工业设计和独特的 UI（用户界面）设计，一年后的第二款锤子手机 T2 卷土重来。还没来得及感受急剧降温的市场需求，锤子就再次被产量扼住咽喉——对订货量要求严格的富士康退出合作，好不容易谈成的新代工工厂在发布会前一周突然破产。

二度遭遇滑铁卢让锤子手机连年亏损。2016 年下半年，整个公司资产缩水 2/3，公司两度发不出工资，只能骗员工说是银行系统出了问题。

那个当年豪言“80% 的投资人都是笨蛋”的罗永浩开始睡不着觉，严重的时候甚至想过自杀，连遗嘱都写好了。

“忽悠了一大堆能去名企的小伙子跟了我，走着走着，两年不到的工夫，我却说对不起这个公司要倒闭了。一两个，我能想办法补偿，100 多个，我有什么钱补偿？当初人家有那么好的机遇和条件被我‘骗’到这儿来。我要跟这 100 多个人去讲这个话，我想死的心都有了。”

那名声呢？面子呢？这个曾经是网红的创业者发现，在他的重要问题清单中，面子连前五都排不进去。创业之后，他最大的痛苦从来都不是融资危机，不是口诛笔伐，而是看到公司一帮同事从 25 岁跟着自己一路拼到 30 多岁，老了很多，也没有发大财。

罗永浩自觉这些人如果不是跟着他，可能老得没有这么快。“早年听一些企业家大谈责任感，我还觉得装孙子，其实走几步发现，没有什么比这个更重要。责任感是最重要的。过去还以为企业家自杀都是因为有难，其实原因很多。”

从单打独斗的个人英雄主义者到一个庞大商业团队的领头人，罗永浩启动了极其痛苦的自我疗愈机制。

更现实的问题是，钱从哪来。

他找过小米谈收购，跟阿里巴巴质押股权谈收购，最后没谈成，又跑去找老朋友借钱，拼出老脸去罗振宇的知识付费 App（手机应用程序）开专栏，去唐岩的陌生人社交平台做直播。

最多的时候，他一个人背了 9 600 万元债务，老婆说他“如果你有什么三长两短，我还跟着你欠了 9 600 万元债务，你死了我还要还 9 600 万元”。老股东劝他“不要再救了，干脆破产好了”。他感觉自己好像被说服了，但第二天早上一看到同事，又开始不管不顾借钱。

经历过这场融资危机，罗永浩对如何与压力相处有了刻骨铭心的体悟：创业是一场脱敏的过程。

“这个东西折磨你久了以后，同样强度，每一次就是那么回事了。2014 年 B 轮融不到钱的时候，我是天天失眠的。但是到了 2016 年快出事儿那次，我都能睡得着觉。不是说麻木无感，疼还是疼的，只是没那么疼了。”

这种心态的具体表现是，创业前两年，要收的款没到，他会焦虑到在办公室关上门什么也干不了；到了第三四年，就算公司明天要倒闭，他今天也能正常工作。他渐渐习惯了把“濒临崩溃”挂在嘴边，“201× 年是锤子死去活来的一年”也成了他每到年末年初都会念叨的话。

“他现在更像一个领袖”

关于跨界做手机，这位 CEO 总有些江湖野路子的自信。在 2016 年的《财经》专访中，他自我评价属于“攻击型人格”，好斗，控制欲强，事无巨细。

按照他最早的思路，操作系统的开发几乎 100% 的想法都是自己思考的结果，产品经理只是执行者。他的表现也非常粗暴，开会吵架往往以要求员工闭嘴按自己的想法执行而结束。如果对一个部门主管的工作不满意，他会直接干涉细节，忍不住时就批评责骂。

如今，他学会把专业的事情交给专业的人去解决。团队里有一位两进两出的产品负责人，每次回来都会发现，公司的每个领域都不断有更专业的人进来，整个团队越来越专业。

“我不是管理型人才，其实很多事情不应该管的。”罗永浩后来坦诚地承认。

他也开始做很多他以前看不上的事情。

2016 年发布的 M1（锤子品牌的第三代手机）被很多粉丝视为罗永浩“背叛自己”的作品，曾经被他嗤之以鼻的行规出现在他的发布会上，摆配置、上参数、晒跑分，甚至外观也和 iPhone（苹果智能手机系列）看齐。他承认“一直强调自己是设计型公司，最后产品却像 iPhone，确实令人很尴尬”。

但 M1 后来被证明是当时公司的救命稻草。他的解释只有一句话：“设计很重要，但它只是一部分。”

他曾经觉得追求 97% 的客户满意度没有意义，他要追求 100% 的客户满意度。现在他承认，当时的自己理想化到没有常识。

他曾经不喜欢与陌生人打交道，如果不是同事逼着，几乎不会拜访任何合作伙伴。从 2016 年开始，他频繁往返于北京和珠三角，出差次数比以往多了不只 10 倍，主要是与合作伙伴见面。

他曾经鄙视成功学的书。“过去，我要是在机场看到一个衣冠楚楚的家伙拿着一本《赢：韦尔奇一生的管理智慧》①，就会觉得这个笨蛋没救了，但现在，我也会拿着这样的书硬着头皮读完。”

他在学习从企业家的角度去考虑全局，考虑别人的感受，去平衡事实、公平、情感这些复杂的关系，去思考哪个是更成熟、更有智慧、更有利于团队大多数人利益的选择，而不是怎么做最痛快。

他越来越像一个大众眼里的科技公司 CEO 了。在公司内部，他对

---

① 《赢：韦尔奇一生的管理智慧》一书于 2010 年 1 月由中信出版社出版。——编者注

硬件、对供应链、对各种职位也越来越了解，把很多时间花在挖人上，找更多优秀的人帮他把公司做大。“在工作上，他现在更像一个领袖。”锤子用户体验总监朱萧木说。

“对一个人的成长来讲，做企业是一个难以想象的被迫得到大量收获的过程。如果不运作企业，你永远不会投入这么多的精力去了解人性和这个世界，不会把自己熬得脑子都快烧掉，去想怎样才能把一件事处理得更好。”这是罗永浩在 2016 年最艰难时期的感叹。

他对创业也多了一丝敬畏。“我们的运气已经很好了。运气对成功来说是很重要的，占了所有成功因素的 50% 以上。”

“如果你坚持做下去，成功的概率会越来越大。”他会不失时机地补充。

他甚至开始像真正的实业家一样谈创业，谈中国的未来。“我刚开始做实业的时候，听一些野心勃勃的人说，中国用十几二十年就能在很多方面赶超先进国家，我觉得这些人是不是有点儿过于乐观？但是走着走着，我也变得越来越乐观。‘泥腿子’想改变命运的冲动远远强于‘富五代’。有人想改变命运往上爬，去创业，这是一件非常好的事。它会带动整个国家变得富裕。”

跨界“异类”正式上场

2017 年，熬过生死之战的锤子科技迎来翻身仗，锤子手机销量超过 200 万台，锤子手机的用户数量远远超出过去所谓“老罗粉丝”的那个群体。锤子手机终于开始走向大众，以重生者的姿态，在手机行业里筑起一道属于自己的防线。

“能理解和了解我们手机的人更多了。”采访中的罗永浩，言辞中稍显欣慰。这一年年底，他宣布锤子科技新一轮融资金额为 10 亿元，“锤子科技要像一个正规的手机厂商，低、中、高三档手机，每年各出

5~6 款。”

创业第 6 年，经历过一轮轮的生死之战，罗永浩跌跌撞撞，终于把锤子送进正规手机厂商的行列。

而此时的中国，大规模换机潮早已过去，手机厂商裁员关店的消息层出不穷。在罗永浩眼里，这是一直死磕工业设计和 UI 差异化的锤子手机的机会。“对很多手机行业的人来讲，一部平庸、没有毛病的手机就是好手机。但我们要做的是突破、实现差异化、提供不一样体验的手机。”

他坚持用不同的方式去看待现有的人与机器的交互模式，从最底层的逻辑出发，探索人与机器之间最有效的交流模式。度尽 6 年劫难，他依然向这个世界发问：还有没有更好的解决方案？

2018 年 5 月，他在鸟巢发布坚果 TNT station（锤子开发的一款基于安卓系统的大屏工作平台），打出口号“重新定义个人电脑”。质疑声再次席卷而来，而他很早就说过：“我们这种人做事，不是靠别人理解才支撑下去的。”

罗永浩的蜕变和坚持，展现了一个有着极强个性的个体与复杂商业系统相处时，爆发出的强大生命力和自我完善机制。他以一己之力，跨界搅动淘汰率奇高的传统行业，为高度同质化的手机消费市场带来波澜。无论如何，他都将在这个时代留下一段极富个人色彩的创业故事。

商业发展的道路总会有很多岔路口，跨界创业者的出现，不仅意味着高难度和高风险，更意味着高创造力和多重可能性。如果罗永浩有幸能成功，不仅证明了跨界者能够在一个陌生的领域里生存，更能证明跨界者能成为格拉德维尔眼中出类拔萃的“异类”①。

① 马尔科姆·格拉德威尔《异类：不一样的成功启示录》一书于 2009 年 6 月由中信出版社出版。——编者注

对话

×

罗永浩

责任感是最重要的

记　者：2017 年，锤子科技的发展顺利吗？

罗永浩：很顺利啊。锤子 2017 年卖了 200 多万部手机，2018 年第一季度的销量也比上一年同期涨了很多。现在，整个手机行业在萎缩，主要原因是大家不愿意换手机了，原来 12 个月换一次，现在 24 个月换一次。大家都抱怨手机同质化，不想升级。但用户手上的钱是有的，而我们一直走差异化路线，这样机会就来了。从某种程度上来说，整个行业因为同质化而导致的萎缩对我们而言是件好事。

记　者：2017 年的深圳发布会上，你哽咽着对观众说“如果有一天，傻子都在买我们的产品，你要知道，这是为你们做的”。一年过去了，以后的发布会你还会说那样的话吗？

罗永浩：一般来讲，大型演讲的整个流程都是精心设计过的，但深圳的那次发布会是比较失败的。我们故意弄了一部跟 iphone 一模一样的手机，并预测大家会觉得这不是真的，最后拿出一款非常漂亮的设计的时候，（由于反差）效果会很好。而等拿出真实设计的时候，观众反应的强烈程度远远超出我的预期，结果我情绪瞬间就失控了。

记　者：你整个人的压力是很大的？

罗永浩：对。那是我们用来翻身的产品，因为2016年我们走得特别不顺，差点倒闭。坚果Pro是我们打算翻身的战略级产品，所以那时我确实比较紧张。

记　者：我们去成都拍发布会的时候，工作人员跟我们说还是别拍罗老师了，他今天早上起来一拉开窗帘就已经很不高兴了。

罗永浩：开发布会之前，我早上起来一拉开窗帘就能看到开发布会的场馆。本来想打开窗呼吸一些新鲜空气，结果一看场馆，我就觉得自己被判了死刑，到点就要行刑了。做演讲的时候，其实是这6年里我最不快乐的时刻之一。

在这6年里，有人讽刺我们不会做市场营销，只会开发布会。但他们的广告预算都是几亿元，而我们开发布会的费用只有一两千万元。我们现在好一些了，那也只是不赔钱了，整体上起步的基础还是不好。在这个过程里，演讲是我们得以存活的一个重要原因。这是我的责任，我的命运。这种状态可能还要持续一些年吧。

记　者：你在各种场合说过自己创业时遇到的困难，但很少听到你说个人深层次的焦虑感。

罗永浩：长期保持轻度焦虑其实是好事。很多企业非常赚钱，（其创始人）也焦虑。一旦走上创业这条路，焦虑应该是伴随终生的。在企业最困难的时候，创业者肯定是极度焦虑的，但这也没有什么可说的，就是自己找的。总的来说，这 6 年的满足和快乐远远多于焦虑就够了。

记　者：真的不是焦虑多于快乐？

罗永浩：如果焦虑多于快乐，那谁还会去创业呢？我肯定不做了。日常的轻度焦虑其实很快就适应了，高强度的焦虑，比如公司随时可能倒闭、发不出工资、被债主围堵，确实让人不好受。但是在过去这 6 年里，这样的情况加在一起就几个月吧，只占 1/10，还是很划算的嘛。

我还讲过一个道理：脱敏。这个东西折磨你久了以后，同样的强度，你就慢慢适应了。就好像我们 B 轮融资融不到的时候，我是天天失眠的，但是到了 2016 年那次，我们都能睡得着觉。强度是一样的，但是第二次面对挫折就比第一次轻松很多，因为已经适应了。大焦虑变成中焦虑，就没有那么吓人了。

记　者：2016 年下半年，你把做直播、开专栏赚来的钱拿来发工资，等于你在用自己的副业来补公司的现金流。

罗永浩：对。这些钱一部分用来发工资，一部分用来还供应商欠款，还有我个人的借款。

记　者：你跟朋友借钱，把手机卖出去，还能睡着觉，是靠什么熬过来的？

罗永浩：像我这种人，容易翘尾巴。如果一帆风顺、直接成功了，我很可能还会栽跟头。我已经人到中年，不想再折腾一次了。所以我觉得没有成功之前，多栽跟头，多吃苦头，挺好的。

现在，我们走得稍微顺一点了，我就不太想得意了。有人告诉我说，我需要一些能被精确控制的“技术性得意”。以前我是瞎得意，会出问题，但如果是精确可控的得意，从市场公关的角度看还是有一些帮助的。所以，我有时候也会得意一下。但是现在再得意，我也没有早年瞎得意的快感了。

记　者：张颖说，你在最困难时所承受的压力如果放到他身上，跳楼也不奇怪。你真的想过跳楼?

罗永浩：当然想过。比如早期创业的时候，我什么也没有，就是一个光杆司令，忽悠了很多拿了腾讯录取通知的年轻人来我这儿，还不是一两个，是几十上百个。所以公司要倒闭的话，我怎么跟他们交代？那个时候，还没有人谈收购事宜。

B 轮融资的时候，我忽悠了一大批能去知名企业的人跟了我。两年不到的工夫，我就要跟他们说：对不起，这个公司要倒闭了。如果只有一个两个人，我可以想办法补偿。但 100 多个人，我拿什么去补偿呢？我要去跟 100 多个人讲这些话，我想死的心都有了，那个时候确实想过跳楼。

记　者：对你来说，最难的不是面对个人的得失，而是如何面对员工?

罗永浩：可能面子、名声的因素都有，但是这些对我来说没那么重要。反倒是走着走着，公司已经有 500 人了。本来想大家都是光棍，公司要倒闭就倒闭，后来我才发现，这 500 人很多都结婚生孩子了，他们背后是 500 个家庭，我的压力突然就涨了很多倍。

早年，我曾听过一些企业家大谈责任感，当时还觉得他们虚伪，现在发现，没有什么比责任更大了。对企业家而言，责任感是最重要的。

记　者：有的企业家很成功，但是相对来讲，他们的人格魅力可能与其取得的成就并不相配。

罗永浩：我觉得人格魅力跟做不做企业没有什么太大关系。因为做企业，要么赚很多钱，要么值很多钱，从这个意义上来说，企业家没有人格魅力或者不擅长演讲，都没什么关系。有很多特别成功的企业家甚至不会当众讲话，这对他们好像也没有什么影响。

总之，对成功的企业家而言，人格魅力是加分项，不是企业家必需的素质。

记　者：2016 年，锤子科技发展得特别不顺，还好拿到了一笔资金，所以你认为创业要靠运气？

罗永浩：对。不管你多努力，能力有多强，归根到底，成功与否还是主要取决于运气。面对 2016 年那么凶险的状况，我们都挺了过来，最后融资成功，主要靠的就是运气。

另外，如果你创业失败过一次，学了很多东西，再进行第二次创业，失败的概率就大大下降。在科技行业中，很多人连续创业，失败了五六次，但只要每次能吸取教训，还是很有可能会成功的。

所以，不要认为创业只是靠运气，如果坚持做下去，成功的概率是会越来越大的。

回顾初心：保持上场

记　者：为什么会选择做手机？

罗永浩：主要就是喜欢。做手机是行业里面难度最高的，也是最累的，但却是我这辈子做的所有事业里面让我最快乐的一个。做手机虽然累、难、耗时长，但我自己还是挺高兴的，这项事业带给我的满足感很强。

我唯一没想到的就是身体会这么累。我本来是个胖子，也没怎么锻炼过。年纪大了以后，只要熬夜，我第二天就没什么效率，但还是感觉很快乐。

记　者：有没有一个瞬间，让你感觉到自己深爱手机？

罗永浩：准确地讲，我不是喜欢手机，而是喜欢智能机器跟人交流的方式，就是我们说的人机交互，是人和机器之间如何以聪明的方式实现更有效的交流。至于这种智能机器是手机、电脑还是 VR 眼镜（一种虚拟现实头戴式显示设备）并不重要，只要发展空间是无限的，我就能够一直做下去。这是让我对这项事业始终保持热情的重要原因。

另一方面，手机也是整个智能计算设备里面最大、最主流的平台。在这个行业有一个共识，那就是未来 8 到 10 年内，手机会被某种东西取代，我基本认同这个观点。我希望自己能在那个时代的平台竞争中扮演一个重要角色，所以我要做这个时代最主要的平台，这样才能储备技术、人力、专利，迎接下一场平台战争。

我们的手机业务现在已经不亏损了，即使亏损，我也会想办法做一些盈利的项目，补贴这项业务往前走。因为我要一直在平台战争的战场上，要让自己成为一个场上选手。

记　者：有没有一个瞬间，让你爱上人机交互？

罗永浩：很早就有，我觉得所有男孩儿都喜欢机器吧。小时候我想做木匠，因为我觉得拿金属工具把木头变成非常漂亮实用的家具，这个过程是让人着迷的。

我真正对工具类的东西着迷，还是看到电子产品以后。比如我第一次看到电视机，那时的电视机就像一个小盒子，有一个显示屏，一打开就能像电影院一样放节目，让我非常震惊。后来让我比较震撼的就是随身听，你会发现走在马路上，自己的前后左右还是这个平凡的世界，但是突然耳朵里就传来只有自己能够听到的音乐。还有第一次看到 CD（激光唱片）机也很让我震撼，一个塑料片闪烁着古怪的光芒，能够把音乐高保真地还原，连盗版 CD 的音质都让人很震撼。

我今年 46 岁了，每次碰到这种新产品，还会有非常强烈的感觉。我希望自己也能够做一些这样的东西。

不被嘲笑的梦想是不值得实现的

记　者：你之前说过一句话，"不被嘲笑的理想或者愿望是不值得实现的"。

罗永浩：这不是我说的，我忘了是谁说的，我觉得这句话很励志，很喜欢。

我一直很纳闷儿一件事，有些人会花很大力气去嘲笑做事并且吹牛的人。我看到别人在做事并且吹牛的时候，充其量就是选择信或不信，不会有任何热情或者冲动去嘲笑他。后来，我看了一些进化心理学的知识，理解了这件事，这是因为盲目崇拜权威的人和藐视权威的人是比较少的，这是自然分布。一般来讲，那些藐视权威的人有可能成功，有可能失败，也有可能出丑，但是归根结底，是这个群体在推动人类进步。

所以从这个意义上，能被嘲笑，我也挺荣幸的，我至少还处于一个相对积极和有意义的群体中。如果我做投资人，见到一个孩子走进来，跟我讲一个非常疯狂的计划和梦想，我的正常反应是，不知道这孩子是否展示出足够优秀的特质，所以我不能断定他能成功，但我也不敢说他成功不了。

我听阿里的人说，马云当年去美国见红杉总部一位副总裁。那位副总裁问马云想做什么，马云说要做一家像 eBay（易贝）一样的企业，希望能打败 eBay。副总裁皱皱眉头就出去了，然后马云就继续给他的助理讲，越讲越没底气，因为那位副总裁不回来，就说明他没有耐心听下去，到最后这位副总裁也没有回来。我讲这个故事，不是说每一个疯狂的年轻人都能成功，而是说我不了解别人的梦想，所以我不会轻易去嘲笑别人，没有什么可嘲笑的。

记　者：看上去你是喜欢有挑战性的事情。

罗永浩：也不是。只要我喜欢做的事，我不介意它难或不难，只是手机和计算平台凑巧比较难做而已。我还有一个傻老婆，她说你只要做的事都能做好，所以我无论做什么她都支持。

事情难不难做跟时机也有关系。雷军做手机的时候时机就非常好，正是非智能机向智能机转换的高潮。他做得也很好，但是他的努力被放大了很多倍，这就是他老讲的顺势而为。我们 2012 年开始做手机的时候，也想做好，但没有意识到它是一个非常残酷的红海，是做着做着才发现。

记　者：有些创业者会仔细分析风口，不考虑自己喜欢不喜欢。而你是喜欢手机，但你最能做成的肯定不是手机。

罗永浩：当然不是，你们可能还不太了解。比如做脱口秀我可能是全国做得最好的几个人之一，但做手机我可能是全球做得最好的几个人之一，只是你们不了解。但是没有关系，我这种人做事不是需要人家理解才能支撑下去的。

当然，早期我们工程团队技术不好的时候，产品存在硬伤，所以行业里的人盯着我们的硬伤说我们不行。对他们来讲，一个平庸但是没有毛病的手机就是好手机。但我们自己不这么看，我们要的是突破，是差异化，是能够提供不一样的体验。从这个标准看，我们的产品在起步的时候就是全球最好的手机之一，只是有一些技术上的短板没有做好。

但是话又说回来，T1 做得那么好，为什么没成功？因为我们的短板是非常短的。还有就是我早年煽风点火式的交流方式，在中国这种讨厌张扬或者个性化的大环境里，很多人不喜欢这种交流方式，尽管这些人从来没有摸过我们的手机。但是从 2017 年 5 月到现在，我卖出了 200 多万部手机，再加上 2018 年第一季度的销量，我已经能够明显感觉到锤子手机的用户远远超出了过去所谓“罗粉”的群体，能够理解我们的人更多了。

记　者：冒险精神是创业者必需的特质吗？

罗永浩：是充分条件，但不是必要条件。我见过科技行业的很多高管，他们的能力非常强，比那些创业的人强得多，但是他们特别求稳，所以不会出去创业。是否愿意冒险，真的在某种程度上是天生的。还有那些思考问题特别周全的人，因为 3 年内 90% 的公司会倒闭，他们根据这个计算了这个概率，干脆不做了。

有的时候，某些貌似不是足够优秀或者完善的特质，会使你有可能做更大的事。比如我做手机，其实就是在产品上想得比较清楚，但是对于这件事的难度，顶多也就只了解六七成，然后就动手做了。如果我全部了解了，还会不会这么做？我不敢说。我可能会去一个制造手机的企业打一年工再出来做。但那时我就做了，还是有一些笃定在里面的。我不是那种特别喜欢冒险的人，但我是有些笃性的。

记　者：现在多长时间能和妻子吃一次饭?

罗永浩：还挺难的。住在一起的时候，我们一个星期也就一起吃一两顿饭。有时候我忙，不回家，但回家也没用，比如我半夜两三点回家，她已经睡了，早上九点起来，她已经吃过早饭了。只有周末凑巧没有安排的时候，我们能一起吃一顿饭。

记　者：有人说创业就是为了打破阶层固化，获得更高的社会地位，你怎么看?

罗永浩：这个真的是特别好的动力。咱们国家改革开放几十年，虽然跟发达国家还有差距，但是往前回顾 10 年，发生的变化已经是天翻地覆了。我经常说，我们都是“泥腿子”的儿子，你到所有发达国家去看它们的民众，他们都是“富五代”“富六代”了，丝毫没有战斗力和斗争意志。

我刚进实业的时候，听一些野心勃勃的人说，中国在可预见的将来——10 年或 20 年后——就能在很多方面赶超发达国家。当时，我就觉得这些人是不是有点过于乐观? 但是走着走着，我也变得越来越乐观，原因就是那些占有大量优质资源的富裕国家，在全球化竞争中大部分都是不堪一击的，“泥腿子”改变命运的冲动远远强于“富五代”守家业的冲动。

只不过我作为领头人，发现有些同事跟了我五六年还没有富裕起来，所以会经常焦虑。公司想办法提高收入跟这个也有一定关系。我们在盈利这件事上也是很投入的，只是跟那些单纯为了盈利的企业比可能有些差异。

记　者：现在很多年轻人的创业想法总被投资人鄙视和打压，你怎么看？

罗永浩：这是好事啊。创业要受的屈辱和委屈，比在投资人那里受到的折磨要多 10 万倍。所以起步的时候，有一些投资人折磨你、打压你或者修理你，都不是什么坏事。现在我身边有一些伙伴出去创业，被投资人嘲笑一通，问我当初有类似遭遇的时候是怎么排解的。我说没有什么排解方法，回家摔会儿东西，记个黑名单，后来也就忘了，这些都是小事儿。

陆

金星

十年行至成功前夜

2018年，在武汉某国际医学美容会议上，39岁的新氧创始人金星受邀做了一场名为“除了流量，我们还能如何为医美机构赋能”的演讲。

刚走下讲台，他就被黑压压的人群包围了——100多个传统医疗美容机构从业者跑过来排队跟他合影。有的觉得一张没拍好，还要再拍一张。

对于这位在传统医疗美容行业摸爬滚打了5年的“互联网搅局者”来说，这是太意外的惊喜。关于新氧的未来，他预想过业绩可能会不错，数据也会好看，但从没奢望让行业里的传统从业者都发自内心地喜欢和认同。

“那一刻你会感觉很欣慰，我们这些年的付出终于以这种特别直观的方式被感受到。”

回到5年前，这个互联网医疗美容平台刚创立的时候，金星还是一个不折不扣的“门外汉”，每走一步都被传统机构嘲笑：“你们的那些用户，都是没价值的用户。”如今，新氧是全球最大的医疗美容交易平台，一年为传统医疗美容机构输送60亿元用户交易额。

10年创业，前两次都失败了，最后一脚踏入医疗美容这个争议颇多但未来可期的行业，金星终于走到成功前夜。

“在这个世界上，好像有一层看不见的膜，在阻挡着我们的努力”

决定做互联网医疗美容平台之前，金星找一些国内的整形医生聊过。其中一位医生的话让他一直难以忘怀：“在过去 10 年中，中国的媒体几乎没有说过整形的一句好话。”

这是一个注定被误解的行业。即使中国已经成为仅次于美国的第二整容大国，市场增速近几年来连续保持在 30% 以上，但在主流大众的语境里，医疗美容整形依然是带有一定特殊意味的，甚至有点贬义的词。“当你说一个女孩整容，就好像骂人一样。”在金星看来，这是一种歧视，根植于巨大的社会认知惯性中。要想改变这种群体性的认知惯性，难度可想而知。

“我们总感觉在这个世界上，好像有一层看不见的膜，在阻挡我们的努力。一方面，主流大众有意无意地忽视这一领域，觉得跟自己没有关系，也不想关注；另一方面，很多人即使认同，也不会回应，他们会在乎别人的眼光。”

从商业的角度来看，医疗美容行业的生长环境也不甚理想。单就广告投放这一项，流量最大的腾讯广点通和微博粉丝通都不接受有关医疗美容的广告投放，能投的渠道在广告画面、关键词上也都有很多限制。

金星一直试图在主流话语权中找到一种能被大众接受的方式，去讲述接受整容的女孩的故事。他拍新氧女孩的短片，发布中国女性自信调查报告，撕掉大众给整容女孩贴上的虚荣、肤浅、走捷径的标签——更多时候，这些女孩只是想从一个过低的起点跨到和普通女孩一样的起跑线上。

比教育大众更具挑战的是克服这个行业的传统顽疾。作为一个暴利行业，传统医疗美容机构的信息极度不透明，产业链下滋生了无数为暴利而生存的黑市群体。仅在东莞这个南方小城，没有牌照的整形美容院数量就是正规整形机构的 100 倍。

新氧的互联网基因，注定了它一出生就站在这个群体的对立面。这是一群戾气深重的对手，会跳起脚来对你进行恶毒的攻击。在这一点上，从小梦想带兵打仗的金星并不露怯。他叮嘱同事不要害怕："我们做的是正确的事，遭到诋毁时要坚决反击。"

以互联网内容社区身份切入整容行业的新氧，很难管控这个行业的上下游供应商，然而他依旧需要对自己的用户负责。在金星看来，这也是改变行业乱象的机会。"我们这一代互联网创业者面临一个巨大的机会，而以前的创业者是没有这样的机会的。"

相对于单纯做互联网企业的创业者，金星会辛苦得多。但他仿佛乐此不疲，一直都热衷于挑战。

"我是不可能去给别人打工的"

金星自诩是一个比较"自虐"的人。如果自己在某些方面比较弱，别人都觉得他不行，他会刻意去挑战。就像上中学的时候，同学都觉得他体育特别差，他就报名参加短跑比赛，一下子跑了年级第二名；同学都觉得他内向，他就逼自己参加辩论比赛，最后获得了学校的"最佳辩手"。

后来创业，早期被投资人瞧不上的时候，他也不会讲什么豪言壮语，但内心会一直较劲，发誓一定要做成一家非常强大的公司。"就想过些年让那些人知道，他们是错的。"

他并没有一张看起来就很有野心的“创业者脸”，外表温文尔雅，讲话沉稳，逻辑缜密，出席活动总是身着衬衫、笔挺的西服套装，戴着领带，似乎更像一位素养良好的职业经理人。

与儒雅外表对应的，是他骨子里与生俱来的冒险基因。他从小爱看军事题材的人物传记，并埋下了想当将军的愿望种子，期待有一天能够指挥千军万马，去开疆拓土，去建功立业。

而在和平年代的现在，最贴近这种命运的选择似乎就是创业了。“我是不可能去给别人打工的。打工会束缚自己的手脚，天天要做汇报，自己的一些真实想法是无法完全实现的。”

此外，理工科出身的他又足够理性。他没有选择毕业后就直接创业，而是先在大公司磨炼，积累到一定程度后再创业。他当过开发经理，也当过产品运营总监，攒下一定的经验和人际资源后才开始创业。思维缜密的他习惯于做事稳扎稳打。

2017 年的第一个工作日，是他创业的第 10 个年头。这一天，他给所有新氧员工发了一封内部邮件：我们终于盈利了。

这一年年底，新氧完成 D-1 轮融资。放眼整个创业圈，融到 D 轮也是非常了不起的成绩。新氧的下一步，是继续融资，甚至是直接上市。

他是一个念旧的人。在年会上，他把所有还在公司的老员工请上台。其实还有更多早年进来的同事，因为跟不上队伍而被迫离开，但他和他们现在还是平时约着喝酒聊天的朋友。这种感性和理性的对抗，对于情感细腻又不擅表达的金星来说，是放大几倍的痛苦。

他怕自己真的变成一个别人看来特别理性，甚至冷血的人。

但他只能选择对那些留下来的人负责。公司里有结婚的同事请他当证婚人，宴席上，他会被小两口的父母拉着手说“麻烦照顾一下我们家孩子”；同事生孩子，他去探望，一瞬间就感受到自己背负的不只是公司几百人的饭碗，而是几百个家庭的生计。

眉头紧蹙，川字纹明显，是他在办公室最常见的表情。甚至有时周末在家里接到一通电话，太太也会被他紧皱的眉头吓得不敢说话。

即使没有什么事情，他每天也要到半夜一点才能睡着。而且不管多晚睡，他早上六七点准时醒。他坚信一家创业公司如果失败，一定是创始人的原因，创始人的故步自封最可怕。他用马化腾那句经典的“腾讯离倒闭只有 18 个月”来提醒自己，保持危机感。

从某种层面来说，金星觉得自己也有些许享受这种焦虑的感觉。“如果每天都过得很安逸，我可能会更焦虑。”如果用一种动物形容自己，他会觉得应该是狼——有非常强烈的不安全感，不管是吃饱了还是饿了——我们也很难想象狼会每天吃饱喝足，懒洋洋地睡大觉。

“创始人就好像一个火箭枪的箭头，承受了最大的压力、最高的温度、最多的热量”

从零起步做到行业第一，看似顺风顺水的背后，是金星两次创业失败的惨痛教训。

互联网大企业高管出身的他，起点已经比普通创业者高出几个段位。2007 年，他辞掉猫扑网产品运营总监的职务，开始创业。猫扑当时的地位堪比今天的微博，他手上的资源有网红、有高管、有明星，也有各种大 V，他觉得这些都是自己创业冷启动的资源。

然而事实是，离开了那个位置，那些原来天天跟他吃饭喝酒的人，转头就会离开。“你不在那个位置上，那个位置已经被别人占了，他们就去跟别人合作了。”这是金星认清创业现实的第一课。

创业考验的是一个创始人全方位的能力。一个带过上百人团队的高管，可能懂得设计产品，懂得运营产品，但做好一个产品和做好一家公司是完全不同的两件事。

“之前，你不懂什么叫融资，融资是公司活下来非常关键的要素；你不懂管理，人多了之后管理是非常重要的；你不懂财务，看不懂财务报表，就不知道警戒线在哪里；你觉得用户量大了就有资金，其实用户量大和有资金中间还隔着巨大的鸿沟。”

个人能力的欠缺，注定了金星第一次创业的结局，他跟父母借的钱也补不了巨大的资金漏洞。“当看到整个公司账上就剩几万元的时候，你就知道只够发这一次工资了，你会告诉自己说，到了承认自己失败的时候了。再怎么拖，再怎么努力，也没有机会了。”

他至今还记得宣布公司散伙的那个午后。他把最后剩下的七八个人叫到一起，字字艰辛地说：“这已经是我自己和家里人最后的一点积蓄了，很抱歉没有带领大家把这个事情做成。公司也没有什么钱，就是这些电脑，大家自己分一分。”

说完，他把自己关在小办公室里，哭了一下午。出来的时候，办公室已经空空荡荡，电脑、桌椅、板凳都被搬空了。

这是他第一次感到孤独。几个员工似乎都预感到公司会不行了，但他们只关心自己还能拿到多少钱。他理解他们的想法，毕竟他们已经拿了几个月的低工资。然而，他还是会感觉孤独：“没有人安慰我，即使他们看到我有多努力去做这件事情。”

从一个不管上学还是工作都顺风顺水的优等生，到一个必须亲口承认失败的失败者，金星的第一次创业教他学会了低头，看清自己。

他卷起铺盖南下深圳，重新工作，只为避免留在北京遇到熟人。他把北京的房子卖了，女朋友也分手了，一个人拖着行李箱，去一个没有人认识的城市。他狠狠地告诫自己：“你是一个失败者，没有什么了不起的，这次创业失败就是因为你自以为是。”

对于天生狼性的金星来说，创业的火苗并没有就此熄灭，只是暂时被搁置了。拼命工作两年，他还清了跟父母的借款，又开始琢磨创业。

2011 年，随着智能手机的普及，新浪微博、人人网之类的网络社交平台开始崛起。金星发现，很多跟自己第一次创业项目相似的 App 都增长迅速。

他觉得这验证了自己的创业方向是没问题的。于是他回到北京，做起跟第一次一模一样的项目。“明明我是开创这种产品形态的鼻祖，是我探索出这样的方向。”

但是这个赛道已经不欢迎外来者了。“已有两家企业跑得非常好，没有人在乎第三名、第四名是谁。所有人只会押注一个赛道的前两名。”

这次创业教会了他一个词：时机。进入一个行业太早或太晚都不行。

两次创业失败之后，金星总结出了年轻创业者和成熟创业者的差别。他把创业比作爬山，年轻创业者看到山很激动，直接就爬；而成熟创业者会先绕山脚几圈，仔细勘探地势，先把路线规划好，找到最高点在什么地方，攀爬路线是怎样的。任何一个创业项目都不是孤立存在的，而是产业链中的一环。成熟创业者会找到产业链中最核心的那一环。

这种思路被他应用在了新氧的创业经历中，包括一开始选择离资金近的行业，包括确定新氧的未来图景不是只做整形，而是围绕美丽和健康两大方向无限扩充，包括对融资节奏的把握、利益分配的着重点。

两次创业失败，成了他做新氧最大的优势。他从马太效应的淘汰者变成胜出者，4 年间从 30 多个同类 App 中拼杀出来，成为毋庸置疑的细分领域龙头。

“如果你善于总结，每一次创业都会是一场蜕变。你只是需要一个机会，把过去 10 年从失败中学到的东西一次性爆发出来。”

金星的下一个目标是上市，只有上市能让他兴奋。“你可能会觉得只要迎合风投拿到钱就成功了，但其实根本不是。我觉得我越来越接近创业这件事的真相了。”

创业是为了生活，他却差点儿错过女儿出生

公司业务一片向好，金星也越来越忙碌。四轮融资过后，他要深入供应链质量管理，还有未来可期的上市筹备。他憋足了一口气，只有完成上市，才算取得了阶段性成功。

而下班回到家里，他却时常看到这样的情景：女儿自己玩得开心，太太在厨房里忙碌，而他两边都插不上手。更早的时候，因为太忙，他甚至差点儿错过女儿的出生。

这或许也是大多数创业者心底的柔软之处。对家人，他们总是歉疚满满。如今，金星会把周末空出来，不接电话，不回邮件，只陪家人。三次创业，他领悟的一个终极道理是：生活才是重心。

在意识到这一点后，他也变得更加在乎下属的想法，因为不管自己多在乎这个公司，下属都有自己重要的生活和家庭。

10 年的失败和积淀，让金星终于在对立中求得生存，并且一路走到成功前夜。而新氧如果一朝成功，将会引领医疗美容这个备受争议的行业前行。前行路上必定暗礁重重，而这，正是金星的“将军梦”最好的战场。

对话

×

金星

医疗美容行业：在质疑中前行

记　者：**2017 年下半年，新氧拿到 4 亿元人民币的 D-1 轮融资，你有组织庆祝吗?**

金　星：其实每一轮融资我们都没庆祝，除了早期比较幼稚的时候。现在对我们来说，融资的快感只能维持几分钟，因为现在融资其实没什么悬念，只是过程挺长、挺麻烦，但是基本上一定能成，无非就是价格上的事。所以对我来讲这没什么值得庆祝的。我觉得可能以后上市那一天，对我来讲才是一个里程碑。我甚至还想在敲钟的现场给我太太补办一个婚礼。

记　者：**回忆一下最近这段时间，让你最有成就感和满足感的瞬间。**

金　星：前段时间，我去武汉参加美沃斯国际医学美容大会。我演讲完刚下台，一下子就涌过来 100 多个同行要和我合影。那一刻我是比较欣慰的，感觉到他们不再把我当成单纯的商业伙伴，而是发自内心地认同我们给整个行业做了非常大的贡献，认同我们是一家很了不起的公司。

我们在这个行业做了五年。对于整个医疗美容行业来说，我们是外来者，没有学过医，以前也不是做整形医院的。一开始，他们认为我们是外行，嘲笑我们的用户没价值。我们从来没想过这些年的付出，会以这种特别直观的方式被感受到。当然，这份荣耀不只属于我自己，我只是代表公司很多同事去接受这份荣耀。

记　者：新氧 2017 年做了很多宣传，你最想对外界说的是什么？

金　星：从客观角度看，医疗美容行业还是很小众的，在 14 亿中国人中，每年做医疗美容手术的人只有一两千万。不仅人数少，在某种程度上，医疗美容在大众心目中还是个贬义词，虽然越来越多的年轻人观念改变了，但在社会大众的主流语境里，它仍然带有一定的特殊意味，这是巨大的社会惯性。我觉得中国社会现在还是普遍存在整容歧视的，甚至一些做过整形手术的人还歧视别的做过整形手术的人。

我们发现，我们做的事情宣传出去之后，主流大众会有意无意地忽略。我们老感觉有一层看不见的膜在阻挡我们，即使我们很努力地去发声，也得不到太多回应。很多人即使认同，也不会回应，他们在乎别人的眼光。

所以我们要更加努力，用主流大众能理解的方式去讲故事。我们想让他们知道，这些做了医疗美容整形的女孩不是他们想象的那样虚荣、肤浅，她们每个人都有自己的故事，也很努力，很勤奋。现在，我们慢慢得到了一些共鸣。但我们离最终的目标还有很大的差距，还有很长的路要走。

十年将军梦

记　者：你创业的初心是什么？

金　星：我觉得所有创业者都是不安分的。他们可能有点像孙悟空，虽然以自己的能力去打工也不错，但就是不希望有一个人在上面压着自己，什么事都要请示汇报，希望自己能完全独立地掌控一件事。其实我也是。一开始，我当然是去打工，但是我的思路是比较清晰的，学习积累到一定程度之后，我希望自己能去做一些事情。我有一种莫名其妙的自信，相信自己有机会成为和那些知名企业家一样的人。

而具体做什么方向，是要跟自己的兴趣爱好匹配的。一方面，我很喜欢互联网，认为互联网在未来一定会更深刻地改变自己；另一方面，我始终认为女孩爱美这件事不应该被忽视，我前两次创业都是与让女生变漂亮相关的。

所以，把互联网科技和让女生变漂亮结合在一起，我是蛮有兴趣的。总之，因为喜欢这样的方向，所以我会关注，当我关注的时候，10 年来总会发现一些机会。

记　者：前两次创业，你觉得为什么失败了？

金　星：有很多客观原因，比如进入这一领域太早了，那时候还没有智能手机，用户生产内容非常困难，还有 2008 年金融危机的影响。但本质原因就一点：我当时不懂什么是创业。

创业之前，我是两家公司的产品运营总监，只懂得怎么策划和设计产品，怎么把产品运营好。真正创业之后，我才发现，做好一个产品和做好一家公司是完全不同的两件事。你连公司是什么都不知道，怎么可能成功？

第二次创业不是特别顺利，这教会了我一件事：时机的重要性。在创业领域，马太效应是非常明显的，投资人只会关注前面的第一名、第二名，第三名、第四名都不被关注，即使做得很好也拿不到任何资源，只能慢慢死掉。

记　者：真的要把公司关掉不再继续的时候，那种艰难的决定是怎么做出来的？

金　星：我第一次创业是在 2007 年。当时我 28 岁，之前我是猫扑网的产品运营总监。刚毕业两三年就管了中国最大的论坛，当时我是有点自我感觉良好的。创业的前半年，我整个人都很兴奋，很乐观，也拿到了 100 万元天使融资。但是一年之后，账上的资金越来越少。我不能告诉团队，只能跟家里人借钱。我爸妈每个星期都会打电话过来，一开始还问我最近怎么样，后来就不问了。他们越不问，我越知道他们其实非常担心，那些钱是他们一辈子的积蓄。后来我又去跟核心团队商量，看大家能不能集体降薪，共患难，但没有一个人愿意。公司成立的时候有人说，如果公司需要，可以拿出积蓄投到公司。但真到需要的时候，他会说自己的钱已经用到别的地方了。你会发现，好像没有人愿意跟你共进退。尽管你内心觉得人家也没有错，但还是会觉得孤独。

当看到公司账上就剩几万元，只够最后发一次工资的时候，你会告诉自己，是时候承认自己失败了。记得那一天下午，我把剩下的七八个人叫到一起，很坦白地说：公司账上只有这些钱了，是我自己和家人的最后一点积蓄。我还诚挚地道歉，觉得没有带大家把事情做成。

那一刻自己内心受到的打击其实是非常大的。之前，不管是上学还是工作我都顺风顺水，一直是比较骄傲的。但是那一刻，我要亲口承认自己失败了，自己不行。

记　者：当时，他们脸上的反应是什么样的？

金　星：我比较痛苦的是他们的反应都很冷漠。我猜他们也都感觉到了这个公司可能早晚不行，也都在等那一刻。最后我说，互联网公司也没什么资产，就是这些电脑、桌椅，大家如果需要就拿走吧。他们真就都拿走了。我自己在空荡荡的办公室哭了一下午，最后把门锁上，一个人回到家里，每天就想睡觉，什么都不去想，不想跟任何人沟通，也不去想未来怎么办。我爸妈还从老家过来安慰我。最后，我还是振作精神，慢慢开始写简历、找工作了。

记　者：如果今天新氧遇到很大的问题，你会找一个人把那种情绪说出来吗？

金　星：创始人可能永远都是孤独的。今天当然比以前好很多，有很多小伙伴帮我分担很多困难，但有一些东西永远只能创始人自己去承担。我觉得创始人就好像一个火箭枪的箭头部分，在往前冲的时候，承受了最大的压力，最高的温度，最多的热量。但那就是你应该做的，你跟别人讲了，他无法帮你分担，可能还对他造成干扰。我想让他们专注地做他们该做的事情，压力我来承担就好了。

记　者：有了那次创业失败的经历，再回到大公司工作，尤其上班的第一天，你是什么感觉？

金　星：我选择了去深圳，因为那里没有人认识我，不至于让我感到尴尬。当时，女朋友也和我分手了，我把北京的房子卖了，一个人坐飞机，也没什么行李。

此外，我也不停地告诫自己，要清楚自己就是一个失败者，没有什么了不起的，这次创业失败就是因为我自以为是，现在到了腾讯就要踏踏实实学习，从最基层的岗位做起。到腾讯后一开始就管几个人，我觉得这样挺好。

记　者：你觉得年轻创业者和成熟创业者最大的不同是什么？

金　星：如果把创业比成爬山，成熟创业者会先围山脚转几圈，仔细勘探地形，瞄准最高点，把路线规划好；而年轻创业者往往看到山会很激动，就开始爬。可能年轻创业者一开始爬得比较快，但成熟创业者不在乎，因为任何创业项目都不是孤立的，都是产业链中的一环。成熟创业者会选择产业链中最核心的那一环，一旦爬上制高点，从上往下竞争，年轻创业者就会非常被动。就好像这次创业，我会提前把每一步都规划好，这就是勘探地形、选择制高点的过程。

记　者：第三次创业，仍然没有人能笃定会成功。

金　星：当然。在外人看来，我们发展得很顺利。但我内心总是很焦虑，每天半夜一点后才能入睡，没有什么事情也睡不着。而且我早上六七点准时醒，不管前一天晚上睡得多晚。你要问具体是什么事让我这么焦虑，我也说不出来。我可能就是处于一种焦虑的状态，有一种危机感。

记　者：那么坚定地选择创业，跟你想摆脱自己小镇青年的身份有关系吗？

金　星：我觉得有关系。首先，像我们这种小地方出来的人，从小看名人故事和传记，会有这样的想法和志向。其次，小地方各方面的资源都更稀缺和贫乏，而贫瘠的土壤里长出来的植物，可能是更强健、生命力更顽强的，一旦有了更肥沃的土壤，就会更加肆意地成长。

记　者：这种初心是怎么来的？

金　星：我觉得是性格使然。90％的人的性格是不适合创业的。而我从小就喜欢看很多军事战争题材的作品和人物传记，我发现自己很想成为他们那样的人，去开疆拓土、领兵打仗，只有这些能给我带来成就感。

记　者：你从小就是一个特别喜欢竞争的人？

金　星：对，但我从来不会表现出来。上学的时候我从来不当班干部，我觉得那没有用。但我的学习成绩一直很好，是我们全市的理科第二名。后来，不管打工还是创业，我在内心都会跟别人较劲，但是从来不会表现出来。比如一些投资人可能觉得我未来做不出一家很好的公司，我在内心就较劲说我一定要做成一家非常强大的公司，以后让他们知道他们是错的。当然，我成功了也不会到人家面前炫耀，但自己内心非常爽，好像给自己一个交代了。

记　者：有时候会不会觉得自己跑得太快，跟最初的那些小伙伴越来越远？

金　星：会的。我现在跟大家的接触越来越少，因为自己的责任变得越来越大。前段时间，我参加了同事的婚礼，当了证婚人。我也会探望怀孕生宝宝的同事。有的时候，我会突然发现，公司不知不觉已有700多名员工了，每个员工背后都是一个家庭。我参加员工的婚礼，双方的父母都会过来跟我寒暄，希望我照顾一下他们的孩子。还有平台上大量的商家和消费者，我都要对他们负责。

所以我要跑得越来越快才行。以后，我可能真的会变成一个别人看起来特别理性甚至有点冷血的人，但是没有办法，我没有那么多时间顾及个人情感。现在，我还只是做一个行业，如果未来跨界其他行业，商业竞争会更残酷无情。

记　者：你现在事业顺利，家庭美满。你觉得你达到自己定义的成功了吗？

金　星：我觉得人生成功的标志是自由，财务上的，或者事业选择上的。对我来讲，当我们这家公司上市了，财务上得到比较大的回报，我才真正有资格决定未来过什么样的人生。虽然我也快 40 了，还是有非常多想做的事情。

事业与家庭：永恒的难题

记　者：一年中你有过非常疲乏的时候吗？

金　星：有，那是 2017 年下半年。当时，我因为融资的事情非常忙，还要管理公司的日常业务，我父亲又突发脑梗住院急救。差不多有几个星期，我在医院和公司之间来回奔波，还要出差见投资人。那个时候，我感觉非常疲惫。

记　者：在那段时间里，有没有哪一刻，觉得创业耽误了自己的生活？

金　星：没有。其实在北京这种地方生活，我反而会觉得必须要创业。因为万一家人发生了意外，你需要大量的钱。像我们这样的小镇青年，想要积累到让家人生活得足够舒服的钱，只有创业一条路。你需要更拼地去创业。

记　者：需要跟人倾诉的时候，你会选择什么对象？

金　星：自己的家人。我跟我太太是无话不谈的，虽然她可能不是特别了解这个行业。我觉得最终能支持我内心的还是我的家人，爱人、父母、小孩。事业做得越大，内心一定越孤独，一定越少人能跟你产生共鸣，反而家人会是比较好的倾诉对象。

公司刚开始融资的时候，我在微信上认识了一些已经进行了 A 轮、B 轮融资的创业者，主动跟他们打招呼，他们好像也不太理我。换作以前，我可能会觉得这个世界好功利，但现在我能理解他们。公司到一定规模的时候，你的社会关系是呈几何级增长的，你要处理的事情比以前多得多，你不得不采取一种最高效的处理方法。

公司做得越来越大，要处理的事情越来越多，而你也一定会变得越来越孤独。这就好像爬山，一开始大家还在山脚下，慢慢到山顶的时候，已经没有几个人了。所以马云也好，马化腾也好，他们一定是孤独的，一定是彼此欣赏的，但一定不是知根知底的朋友。

记　者：你太太说“我生孩子都不知道他那天能不能在”，你那天在没在?

金　星：在。那段时间是公司快速发展的时期，业务还没有定型，还没有上轨道，很多时候我还是要冲在第一线的。我每天半夜十一二点回家，早上特别早就去公司。现在公司越来越上轨道，我会把更多的时间和重心放在家庭上。

其实创业也是为了家庭，它只是你给家人更好生活的一个手段。所以当有能力花更多时间在家庭上时，我会毫不犹豫地这么做。

记　者：你现在每周能陪女儿一天吗?

金　星：至少两天，我现在周末基本不工作。

其实公司越发展，创始人越不应该花太多时间。任正非有一句话："砍掉高层的手脚。"老板出脑子，规划大方向就行了，不要干涉具体的事。在 BAT（百度、阿里巴巴、腾讯），老板亲自盯的项目往往最终是不成功的，没人盯的项目反而容易成长起来。所以我也要学会怎么做一个老板。

柒

许单单

时代幸运儿的创业维艰

2017 年 9 月，拉勾网（以下简称“拉勾”）宣布获得前程无忧 1.2 亿美元的 D 轮战略融资，同时前程无忧获得拉勾网 60% 的股份。

可想而知，这个两年前还“被总理点赞”的创业明星，背后也有一段关于坚持和放弃的艰难抉择。

“创业者就像上了发条的钟，你停了，别人在跑，那你就死了”

“这是我们有意而为的。”在解释这次融资罕见配比的时候，许单单说：“我看重前程无忧的客户资源。前程无忧的付费企业客户有 60 万家，而拉勾只有几千家，如果它 60 万的付费客户也能够买我们的产品，那我们的收入规模会一下涨很多倍。所以我要找投资额度高、股份占比大的投资人，这样他才能把我当成自己人，没有二心。”

对于许单单来说，眼下最核心的目标是把事情做成做大，至于他拥有的股份是多少，并不是当下最重要的。创办拉勾 5 年，他遇到过很多障碍。进一步发展下去，他面临的竞争也会加剧，借助外部资源或许是更具战略性的路径，可以让公司发展得更快一点。

从这个意义上来说，前程无忧就是拉勾的“收入加速器”。

除了增加收入，融资更直接目的是弥补资金缺口。快，这是许单单习惯性强调的字眼。在他看来，大部分公司死掉只有两个原因：跑得不够快，或者跑快的过程中融资没跟上，资金链断了。

从这个角度来说，走到D轮融资的拉勾已经是时代的幸运儿了。“过去两年，中国平均每100家拿到天使融资的公司，只有两家能走到C轮融资。走到C轮融资之后，还是有很多公司会死掉。拉勾走到现在，从概率上看已经很幸运了。”

这种幸运会延续到哪一天，谁也不知道。随着互联网发展下半场的到来，简单粗暴获取流量的时代已经过去。即使已经在互联网招聘细分市场占据了相当大的份额，拉勾也需要深挖创新，更何况还有金融、汽车、地产各种传统行业的对手虎视眈眈。一旦有一天它们突然切入互联网领域，依靠汽车、快消等其他领域补贴互联网免费业务，拉勾就很容易在未来被别人包抄。

比看得见的对手，更致命的是看不见的对手。随着越来越多的大公司自主部署人力资源云平台，一旦云平台变成人力资源管理的流量入口，招聘官可以在上面挑简历、约面试，可能就会给拉勾这种招聘平台带来非常大的威胁。

还有近在眼前的上市压力。五轮融资过后，如何盈利和何时上市成了摆在许单单眼前的问题。尽管他计划在2019年完成独立赴美上市，却依然每天都在忧虑拉勾能否站稳脚跟。“创业者就像上了发条的钟，如果你停了，而别人都在跑，那你就死了，就是这么简单。传统行业可能好一点，但是互联网行业不行。这简直是一个永无止境的赛跑。”

在他眼里，创业没有真正的终点，只有阶段性的终点。就像前些年的“百团大战”“打车大战”“单车大战”，从百家争鸣到慢慢剩下两三家企业，然后这两三家企业拿了很多资金。但竞争并没有就此结束，最终也许是一家独大，但这家公司未来能不能变成一个超级公司，又是另一段旅程。

不忙的时候，他喜欢看电影。2018年年初的时候看《至暗时刻》，他对丘吉尔的痛苦感同身受。对他来说，没有终局的成功，也没有致命的失败，最重要的，是要有继续前进的勇气。

在创业这条路上，每一天都是如履薄冰。写过《创业维艰》[①]的硅谷创投导师本·霍洛维茨曾这样总结他的创业时光："在担任CEO的8年多时间里，只有3天是顺境，剩下的8年几乎全是举步维艰。"

举步维艰，方能凸显勇气之可贵。

"公司战略固然重要，但是将其执行出来更重要"

在创业这条路上，许单单最初是有一些"飘"着的。之前在顶级投资机构做分析师的经历让他养成了喜用微博指点江山、批评别人的习惯。加之爱写互联网行业分析文章，又赶上微博爆发红利期，27岁的他成了坐拥20万粉丝的微博大V。

2010年，想尝试做实业的他，召唤100多位互联网领导人物、投资大咖成为他的股东，在北京中关村开出一间名为3W的咖啡馆。成为其邻居兼对手的36氪和天使汇也在前后几个月成立。

2011年成为创业大潮的开端，许单单恰好走在了这波大潮的前端。

一年后，众筹光环迅速褪色，回归商业现实，3W咖啡的资金捉襟见肘，连房租也付不起，被房东威胁断水断电。许单单算了算，咖啡馆的收入不高，如果再没有新的资金投入，他就得回去打工，用自

① 《创业维艰》中文版于2015年2月由中信出版社出版。——编者注

己的工资来贴补公司开销。2018年36岁的他回想起那段经历，说："如果放在今天，我可能就把它关了，因为继续经营下去是不划算的。但是当年，我年轻气盛。"

他需要做一些互联网业务，给3W咖啡输血。互联网分析师出身的他，再一次抓住了垂直招聘的风口，2013年7月，专注互联网招聘的拉勾正式上线。

他把办公室搬到海淀图书城步行街。一年之后，这条街更名为中关村创业大街。中国的创业潮正是从这一年开始的。这还只是互联网圈内的创业潮，真正的全民创业开始于2015年。许单单至今记得，那个时候他浏览每天的创业融资信息，手机两三屏都浏览不完。

2015年5月，李克强总理在3W咖啡喝了一杯香草卡布奇诺，让许单单声名鹊起。很多创业者跑到3W咖啡的楼下堵许单单，如果他不见，就说他架子大，这甚至成为他当时的一个小烦恼。

在全中国都把许单单视为创业明星的时候，3W咖啡却面临着巨大的挑战，管理出现了巨大问题。受困于互联网思维的许单单认为，互联网行业赢家通吃，只有第一，没有第二，如果没有十足把握成为联合办公领域的第一名，那就先按兵不动。

把业务强行按下来之后，公司开始出现问题。正是在这段时间，对手36氪空间、优客工场开始发力，而名声大噪的3W咖啡却成为猎头挖人的对象，很多员工离职。

与此同时，成立两年的拉勾也遭遇了成立以来最艰难的时刻：与对手掐架，内部合作扯皮……许单单发现，当年自己分析过的那些"别人家的问题"，自己现在全遇到了。

那段时间，晚上下班员工都走了，他就坐在办公室里唉声叹气。他跑到马云的湖畔大学上课，才发现自己和自己的创始团队根本没有什么管理公司的经验。

“多谋少断”是投资人对许单单的评价。互联网分析师出身的他，有很强的思辨能力，但有时过于思辨，就容易在执行力上出现问题。但也因为他的思辨，他比别人能走得早一步。作为创业者，个人的优势和劣势都注定会被聚光灯放大。

2016年，他参加了一个创业真人秀。节目结束之后，他跟“铁娘子”董明珠聊天。董明珠告诉他：作为管理者，要有杀伐决断的能力，有问题要当场指出来，不能一味地友善，一味地柔。

许单单觉得“自己确实缺杀伐决断的那股霸气劲儿”。但是到了危急关头，他还是需要站出来的。他亲自辞退跟不上公司的老员工，挖来比自己大十岁的世界500强资深高管：“每一个旧平衡的打破，都是另一个更高平衡的开始，不要胆怯动荡。”

完成四轮融资后，有一次他和投资人聊天。投资人提醒他：五年了，应该学会做一个生意人了。他开始把上市提上日程，制订公司所有业务的严苛的发展计划。“我感觉上市是一个公司的阶段性里程碑。”

2017年，拉勾基本实现了现金流平衡，许单单终于有了双脚站在地上的踏实感。

创业9年，他开始理解公司战略固然重要，但是执行更重要。公司有了踏实的执行作为基础，才有底气去创新。

12年前，一个底层少年的初心和野心

许单单自称是一个“有导师欲望”的人。他曾经试着给自己的北大校友做职业规划，但“他们都不听”，有的不愿砸了铁饭碗，有的不接受降薪跳槽，还有的常发牢骚但不愿改变。许单单游说无效，“既然都不听，那我就做出来吧”。

他的这种导师欲望，与他的职业成长经历息息相关。

他的故事非常适合被写成一部奋斗传奇。多年前，网上曾经流传一篇《许单单奋斗记》：1982 年出生于安徽农村，父亲早逝，母亲改嫁，与奶奶相依为命，北大研究生毕业，5 年跳槽 3 次，从年薪 10 万元的互联网公司职员变成年薪几百万元的互联网分析师，然后辞职创业。

他花了 30 多年的时间，从一个资源匮乏的世界，挤进了“外面的世界”。在这个世界里，一切都在狂奔，到处都是激流，处处都是财富神话，这必然能激发起一个从中国最顶尖学府走出来的底层少年的野心。

除了野心，这份履历的背后其实还有两个关键词：机缘、贵人。

2006 年，24 岁的许单单心怀不甘地去腾讯上班。那时在毕业生的眼里，宝洁和麦肯锡这样的外企才是首选，而腾讯只是一个做聊天软件的公司。半年后，他拿到一家顶级咨询公司的录取通知，年薪翻倍。正在他欣喜若狂准备离职的时候，一位师兄对他说了一句话：“你拿 20 万元年薪不也是一个穷人吗？”

他相信了师兄的话，于是有了后来的百万元年薪互联网分析师的故事。

像这样的棒喝，许单单经历过许多次。他对这些人由衷地感激。不经意间的一句话，就能让一个有着名校名企背景的年轻人少走很多年弯路。

为每个年轻人找到自己当年遇到过的指路高人，是许单单的初心。“我觉得人生就应该努力，应该尽可能爬更高的山，看更美的风景，而不是一辈子浑浑噩噩，做井底之蛙。这是我的价值观，我自认为这个价值观是正确的。”

更大的野心，是想证明自己是一个有能力的人，想通过做一件大事，实现自己的某些理想。

他的书架上摆着很多心理学、哲学、玄学的书。在他看来，这些都是自我觉察的学问，能帮助他探索人的本质。他对这种探索的过程兴趣浓厚。

“我是一个追求真理的人，想探究事物背后的规律，做公司是我探索规律最重要的方式。我要看我理解的这些思路方法是否能够把公司做好，（如果）做不好就反思，不断修正自己的思想。（我感觉自己的）探究欲望是特别强的。”

如今放眼回看，2013 年开始的那场互联网创业潮给一批野心勃勃的 80 后冒险家们提供了绝佳的舞台，造就了如今的一批佼佼者。当然，也不是每一个人都能拥有好运。更多的人，仍然在焦虑和无助中试着拨开迷雾，在不同的创业阶段接受着不同程度的淬炼。而那些佼佼者，一定都有一个共同的素质，就像丘吉尔所言：既然到了地狱，那就保持前行。

对话

×

许单单

回顾创业：一场没有终点的赛跑

记　者：你觉得“速度”这个词，在互联网创业中应该怎么理解？

许单单：在互联网行业，大家都认可一句话——“天下武功，唯快不破”。所有公司都追求快速发展，这就是为什么公司要获得天使、A、B、C 轮融资，而不是去盈利。因为盈利的时候你可能跑得慢了点，而别人比你跑得快，就抢了你的市场。所以总体来说，创业公司的速度都是要特别快的。

大部分公司“死”了就是两个原因：第一，跑得不够快；第二，跑快的过程中掉链子了，比如疯狂补贴用户或者疯狂投广告，最后融资没有跟上，现金流断了。怎么把握这之间的平衡，我觉得特别难。但是总的来说，公司发展不能慢下来，慢下来别人超越你，你也死了。

记　者：现在有上市的打算吗？

许单单：我的目标是 2018 年公司能够盈利，然后看 2019 年能不能启动上市的进程。

记　者：从创业到现在，已经多久了？

许单单：3W 咖啡是 2010 年创立的，那时候我是兼职创业。2012 年，我开始全职创业。到现在前前后后有八九年了。我本来没有打算创业，就是无意间开了个咖啡馆，结果咖啡馆经营亏损，所以不得已才辞职来救这个咖啡馆。可咖啡馆救不活，才想着做其他事来反哺咖啡馆，这才做了拉勾。

现在，我觉得自己当时太年轻，好面子，觉得 3W 咖啡已经挺有名的了，100 多位股东，每人投了几万元，钱倒不多，但这是别人对你的信任，如果关了的话，别人可能觉得没什么，但自己总觉得好像挺丢人的，也挺对不起那些股东的。

我 2017 年 35 岁，创立 3W 咖啡的时候是 27 岁，已经 8 年过去了。如果放在今天，我估计就把咖啡馆关了，因为算一下账，继续经营下去不值得。但是当年年轻气盛，我干脆就辞职开咖啡馆了。

记　者：跑到什么时候你会觉得累？

许单单：我觉得一旦创业之后，尤其是创业很多年之后，很难回去再做一个打工者，从心态上做不到。我不知道别人能不能做到，但我很少见到有人能够做到的。创业无非两种结局，要么成功，要么失败。失败之后我肯定会再成立一家公司，一直创业。所以有很多人把我们叫连续创业者，其实就是连续失败者，不然没有必要连续创业。但是我觉得连续失败者是很值得尊敬的，因为他们不放弃。

记　者：这是因为创业会上瘾吗？

许单单：我觉得是回不去了，不是因为上瘾。

创业是一件挺刺激的事情，你要面临很多困难，甚至远超一般的困难，要用尽全力去解决它。当你解决完一个困难，还会再来一个更大的困难，也许永远都有更大的困难在后面等着你。我觉得这是一个非常刺激的过程。所以我认为大部分连续创业者可能是因为想感受这种刺激而愿意一个项目接着一个项目地创业。当然，你理解成上瘾也行。但我认为这是因为创业者觉得再去从事一个低难度的工作，好像没意思了。

记　者：你觉得创业的终点是什么?

许单单：创业没有真正的终点，但会有阶段性的终点。比如在共享单车市场，大家都在投放单车的时候，慢慢剩下两三家了，这就是一个某种程度上的终点。这两三家企业获得了很多资金，但是下一步还需要再竞争，最终也许竞争得只剩下一家企业了。但是就算只剩一家企业，它未来能不能长大，变成一个超级公司，又是一段旅程。所以，我觉得创业就是一段段旅程的赛跑。每一段有每一段的对手，每一段有每一段的目标。

拉勾的发展也经历过好几个阶段。比如最开始我们做互联网招聘的时候，其实行业里有好几个比我们大的对手。但就是因为我们实在做得很快，再加上我们也比较擅长在互联网行业进行推广，所以两个月就超过了我们的竞争对手。一年之后，我们就把别人干掉了，也是因为我们跑得快。但是拉勾变得有名了之后，我发现全国的各个行业都有了垂直招聘，比如金融垂直招聘、理发师垂直招聘、律师垂直招聘……什么都有，那个时候我们就要继续竞争。后来这些公司也都垮掉了，我们又进入了新一轮的竞争，竞争的目标就是要盈利。

记　者：像你这么一个平和的人，有战争欲望吗？

许单单：我觉得做公司的人应该都有战争欲望。你踏上这个征途之后，就有对手，你必须要打败对手。这个时候你已经不得已，必须拿起武器去战斗。

记　者：神经绷了好长一段时间之后，你会不会想松一松？

许单单：我觉得创业者就像一个上了发条的钟，完全没有办法停下来，你一停下来很可能就会失败。创业就是赛跑，你停了，别人在跑，那你就完了，就是这么简单。可能公司大到一定程度，能悠闲一点儿。但是我现在也无法想象马云每天紧不紧张，我猜不到。但我感觉自己是放松不下来的。

记　者：因为背负了全公司人的生计？

许单单：对，你背后有一家公司，又处在一个竞争激烈的行业。传统行业可能还好一点儿，比如我开三家连锁理发店或者开几个饭馆，如果不想继续扩大，我就可以只经营这几家店，轻松一点是没有问题的。但是在互联网行业不能这样，你一停，别人就超越你了，这简直就是一场永无终点的赛跑。

记　者：你怎么看现在中国的整体创业环境？

许单单：我觉得现在中国社会给年轻人创造了无数的机会。前段时间在硅谷，我去看电影，被惊呆了——电影院有 5 个售票窗口，每个售票窗口至少有 50 个人在排队。在中国，我们都是在手机上买完票直接取票就可以了。我突然感受到，原来中国在移动互联网上已经领先美国这么多了，这代表着中国的机会实在太多了。年轻人所面临的机会也很多，都觉得自己可以大干一番。所以我觉得中国现在的创业氛围、环境和土壤都特别好。对很多有志向的年轻人来说，这是个有很多机会的时代。当然，也不是每个人都适合创业，没有自知之明的人不适合创业。

记　者：如何知道自己有没有自知之明？

许单单：创业是一场赛跑，赛完第一程后，无论你在第二程失败还是在第三程失败，都是失败了，只有跑了好多程之后你还在赛场上，才算安全。每一程对个人的要求都很高，你必须知道自己的优势是什么，也必须知道自己的劣势是什么，然后找别人为你弥补。没有自知之明的人会觉得自己在很多方面都厉害，但实际上他并不厉害，这个时候不找别人来补他的短板，他一定干不过别人。我看到过非常多的创业者，他们真的没有自知之明。

记　者：有人说创业时不要忽略你身边的每一个人，那你觉得你身边有没有一个不可或缺的人？

许单单：我好像没有这么想过。我觉得不光是互联网行业，所有的创业最终都是一个团队在创业，不是一个人在创业。一个人的能力模型肯定是有限的，他有长处，一定也有短处。但是一家公司想要成长，肯定在各个方面都要好。

有这样一个数据：过去两年在中国，100 家获得天使融资的公司，只有两家能走到 C 轮融资。而且那 100 家公司也都是天使投资人用几百万元选出来的公司。可想而知，有多少创业者是没有获得天使投资的。所以，创业失败的概率极高。在创业过程中，公司只要有一块短板，就可能活不下来。但是人不可能没有短板，所以创业肯定是要团队合作的。

做公司是一场修炼

记　者：我们知道你会学习一些道家的东西，这对你做公司有影响吗?

许单单：个人和公司之间还是有差异的。我比较爱追求真理，也学了《易经》。我不久前还上了胡因梦的课，讲的是用占星术来帮助每个人做自我觉察。十五六年前在大学还没有毕业的时候，我就看过胡因梦的文章，觉得这是一个特别有意思的人。

我觉得我是一个追求真理的人，想探究事物背后的规律。现在，我把做公司变成探索规律最重要的方式，看用我理解的这些思路和方法是否能够把公司做好。如果做得不好（的话），我会反思我的理解（是不是）出了问题，不断修正自己的思想。可能很多人做公司纯粹是为了赚钱，很多人上班也是为了赚钱，但是赚钱对于我来说是次要的。我觉得做公司就是我的自我修炼。

记　者：你会对未来很焦虑吗?

许单单：不焦虑。

我觉得我的探索欲望是非常强的。我做公司也许刚开始的时候是为了赚钱，但现在，我是为了做一件大的事情，实现自己的某些理想，证明自己是一个有能力的人。同时，我也想反过来验证并强化自己的思想。这本身是一个探索的过程。

在做公司的过程中，我确实发现了很多问题，或者说是现象。比如有的人面试的时候表现得很优秀，过来上班后干得却很差；有的人本来你对他不抱期望，结果他做得很好。公司壮大了一些后，有的人能跟上，有的人跟不上……我会疑惑这些现象背后的原因是什么。有一些问题或现象我自己也解释不清楚、回答不了，所以想找到背后的原因到底是什么。

记　者：你希望自己的价值观能够在最广泛的范围内被认同，或者被跟从吗?

许单单：这个是希望的。尤其是我做的这件事情，我的出发点是希望更多年轻人能够发展得好，但其实这就已经把我自己的价值观放在别人身上了，好像每个人都应该生命不息、奋斗不止，人生就应该让自己的职业发展得更好。但也许有的人本不这么想，他觉得自己每天打打游戏，家里也有父母留下来的房子，过得挺好的，为什么要这么努力呢？但是至少在我看来，这种想法是不对的。我觉得人生就应该努力，这是我的价值观。所以做拉勾，我是希望帮助这些人树立自我奋斗的价值观。人生应该尽可能爬上更高的山，看更美的风景，而不是一辈子浑浑噩噩，做井底之蛙。

捌

孙海涛

没有取舍，只有倾尽全力

2018 年 7 月 13 日，在阴雨连绵的香港，孙海涛迎来了自己的敲钟时刻。历时 6 年，他创办的 51 信用卡成为第一个在香港证交所上市的信用卡管理公司。

“感谢这个时代，给我们这些爱拼的人犒赏。”

这份犒赏背后，是孙海涛与团队倾尽全力的努力。而局面，才刚刚打开。

“再大的公司也会有焦虑，你跑不掉的”

孙海涛把敲钟的辉煌时刻留给了公司的两名初创员工。6 年前，他和 4 个同事在杭州城西一家小酒店住了一个月没回家，开发出了 51 信用卡管家 App。如今，当时的同事留在公司的还有两个。

对大多数创业者来说，上市是一个收获光荣与梦想的时刻。而孙海涛远远没有想象中那么激动，受市场和行情的影响，51 信用卡的市值没有达到他的预期。而他也需要时间，从筹备上市这一年多的焦虑和紧张中缓过来。

从 2017 年下半年开始，野蛮生长的网贷行业的政策突然被收紧，整个互联网金融行业都在承受着来自政府部门的严密监管。

孙海涛甚至想过算了，不上市了，等行业大环境好了再说。

政策的不明朗，让对企业合规性要求极高的港交所保持谨慎态度，这需要他拿出足够的智慧，与政府监管部门进行沟通，从而取得政府对公司合规性的信任背书。

处理完所有业务和资质问题，需要孙海涛处理的还有审计窗口期的问题，一旦过了时间点，整个上市进展就有可能被推后两个月以上。加上香港审批门槛高、手续多、沟通成本高，孙海涛曾一度怀疑自己是不是选错上市地点了。

直到最后的募资阶段，因为受到整个大环境的影响，募资效果也没有达到预期。

作为创始人，公司出现任何问题都应该冲锋在前。创业 14 年，他一直都没有什么完全放松的私人时间。

回想 2017 年，他承认自己因为公司业务太好，有点被冲昏头脑，放松地去了很多地方，（同时）公司业绩也很好，也让他觉得没有任何问题。直到 2018 年公司上市，他便没什么时间出去了，一心扑在了工作上。

2018 年 7 月上市前后，他趁着周末去了一趟敦煌，拍了很多照片和视频，却不敢发朋友圈。“我觉得很压抑，很想发，但不敢。我怕别人以为我一天到晚在这边玩。”

他原本以为 IPO（首次公开募股）完成后，自己作为创业者的角色就会淡一些。可事实是，上市反而加速了他创业心态的重构。“因为你对当前这个局面是非常不满的，想突破和改变，追求更高的回报和增长。而实现这些，就要做出更大的决策、冒更大的风险，这就又回到创业的心态了。”

完成上市后，孙海涛回到杭州办了一场答谢晚宴。

“早期，我一直认为是不是自己的状态有问题，总是很焦虑，很痛苦。后来我想，这就是创业者的常态，焦虑是因为市场、环境、监管、业务、商业模式都在变化，你面临着很多不确定性。只要创业，再大的公司也会有焦虑，只要你认认真真创业，这些都是你必须经历的。”

孙海涛自称是一个后知后觉的创业者。在很长一段时间里，他都感觉过了这一年，焦虑和痛苦就会减少，于是总想着：再过两年，叫上所有的朋友，办一场开开心心的婚礼；再过两年，生一个孩子，陪他成长、玩耍；再过两年，到外面好好玩一下……如今，他已接近不惑之年，焦虑和痛苦依然跟随着他。但他仍没办法说出“无所谓，创业也就这样了”这种话。

这种痛苦很难被清晰地描述，最明显的表现就是不停地追问自己：对现状是不是满意，是不是愿意加大投入，要不要做出更大的改变……这些问题会藏在他每天每时每刻的状态里，甚至做梦的时候都会潜入他的意识，让他长期隐隐作痛。

尽管过程很痛苦，但不到实现目标的那一天，他就不会停止，也不甘心停止。

“总是失败，总是创业，像一个创业机器人一样，人性有些缺陷”

作为一家上市公司的创始人，孙海涛有着难得的直率和坦诚。在投资人眼里，他是最率真的创业者；在朋友眼里，他是特别单纯可爱的人，行事和作风朴素，简单、通透、没有城府，可以很坦然地和别人分享自己的喜怒哀乐忧。

从某种程度上说，这种性格是优势，让他在创业早期没什么名气的时候，就能比较轻松地获得身边人的信任。

在公司里，他不会笼络感情，但他的人品是被公司全体员工信赖的。2015 年，公司发生过一次联合创始人带队出走的危机，连跟他一起创业的兄弟也要离开。最后，他弄清楚了这位兄弟是觉得股份给的不够，立马从自己的股份中补给他。

这种性格也让他在创业阵痛来临的时候，很快就无法掩饰自己的焦虑和痛苦，甚至影响正常的生活状态。

对大多数创业者来说，一旦走上创业这条路，摆在眼前的第一个现实问题就是工作和生活的平衡问题。而在孙海涛看来，这就是个伪命题，因为创业是他的绝对主线，他希望为公司打拼到 71 岁。

一旦主线遇到进展上的挫折，或者跟预期目标的差距变大的话，他就不会有很强烈的想法去发展支线，比如结婚、办婚礼、生孩子，以至于有朋友以为他是不能生。而他只是不愿意，“没有闲情逸致和精力投入在生活方面”。

他甚至曾经觉得要小孩都是多余的，后来又觉得“养养挺好玩的”。他计划 2018 年在杭州郊外拍一块地，盖亲子基地，有森林、小山、鱼塘、古园。即使没有孩子，他可能也会做这样的事情，因为他本身就喜欢野外。只是有了孩子之后，他会想把生活的集中度弄得更高一点。

他曾经买过一本书，书名是《自私的基因》[①]。每次在家里拿起这本书，妻子就会在旁边笑他：“你这种人就应该看这种书。”

而在他看来，这是人性的一方面，很真实，很清晰，基于他对自己的了解。由于在乎主线目标，势必会看淡其他目标，看淡别人的感受。“你自己的责任重了，就没有力量去扛旁边人希望你承担的责任。做企业是影响很多人的家庭的，公司是一个大家，自己的家是小家。

① 《自私的基因》中文版已由中信出版社出版。——编者注

要把大家做好，势必会影响到小家。这两者很难平衡，只能用牺牲来描述。”

他至今记得一个朋友对他的评价：“总是失败，总是创业，感觉你像一个创业机器人一样，人性有些缺陷。”他并不喜欢这个评价，但认同。

创办第二家公司的时候，孙海涛的父亲因癌症去世，他从北京回安徽老家处理后事。父亲入土的那一天，一堆亲戚帮忙抬棺、挖土、入坟，而他却为了一个创业大赛回了北京。他事后回忆：“(我)一定是有毛病，但是那天我确实回北京了，确实去参加了那该死的创业大赛。这是我做的。”

从另一个层面来看，这种所谓的缺陷或毛病，可以追溯到他18岁的时候。从那时起，他就陆陆续续地目睹了生活中一些很接近的死亡，有些是至亲，有些是萍水相逢的普通人。这些经历让他内心有一种莫名其妙的冷漠，尽管几个创业兄弟对他的评价一致都是阳光、仗义、爽快。

他应该是把痛苦藏在了一些看似快乐的地方。近五六年来，他坚持每天发朋友圈，并且尽可能发真实的照片，比如参加公司活动之类的。以后有可能的话，他想出一本书。

他曾经喜欢玩得州扑克，最近爱玩ATV，一种全地形四轮越野机车，爆炸式的启动音波对他来说是一种很好的释放。更重要的是，玩ATV的门槛低，他可以叫上任何朋友一起玩：“我喜欢跟很多人在一起。”

“不要退场，持续下注，运气来的时候，你就该命中了”

1998年，安徽小镇青年孙海涛考入杭州电子科技大学。对他来说，上课、考试、填志愿、上大学，好像是100年前就已经定好的路，他从没想过自己可以选择，也没看到过其他选择。

孙海涛踏入杭州的那一年，杭州正处于剧烈变化的前夕：北漂梦碎的马云回到杭州创办了阿里巴巴，杭州的互联网经济开始飞速发展，时间充裕的大学生们通过互联网感受到一种久违的开放和自由。这种开放是可以跟全世界的人一样平等地获取信息，包括思想。

2002年，22岁的孙海涛刚毕业就一头扎进创业的世界。他第一次创业是做地图网站，规模和名声都挺大，连他的老家安徽都做过官方长篇报道，但是他没赚到钱。直到现在，与地图相关的业务也没有很好的盈利模式。

他第二次创业是一场对风口的盲目追逐。2007年，孙海涛看到房地产市场火爆，想做替代地产中介线下门店的生意。很快，他就隐约发现这个项目做不下去了："作为CEO，我感觉自己是带着一群人在巷子里跟人打架，即使有很强的武功，也是被困在巷子里出不去。"

两次创业失败的经历，让他对创新的本质有了更深刻的认识。"这个世界上已经有很强大的基础设施，所以一旦你有一个正确的创新，只要符合市场需求，所有资源都会涌过来。如果你发展得不够快，那就表示你创新的价值只是满足一小部分人的需求。"

顺风才能驭兽。2012年，孙海涛开始了自己的第三次创业，从最基础的信用卡一站式管理服务切入。第二年，余额宝诞生，掀起了整个中国互联网金融创业的浪潮。

每一个创业者都在试图总结怎么样去复制别人的成功，但其实所有的努力最后都无法得到一个确定的答案，唯一能确定的是怎样做成功的概率会更高。

"到底发什么牌不是由你决定的，而是由行业、市场、阶段、时机决定的。你能做的就是不要犯错误，不要退场，在运气来的时候你再下注，那就该你命中了，你就能获得创业带来的收获和所谓的成功。你要持续努力，做出成功的姿态。”

如今，虽然已经完成上市，可孙海涛的焦虑却比以往更甚。“在细分领域，我们算头部。有时候，我内心虽然不屑于看竞争对手，但还是很怕新的东西很快就把自己超越了，而自己却看不见。想长期经营好一个企业，就得适应变化，老本总会吃完的。”

他近期的痛苦是如何持续创新产品，产业投资或许是一条捷径。从2016年开始，他投了20多家与51信用卡有业务协同的公司，希望借此组成一个互联网金融细分联盟，也让自己保持对行业更深入、更系统的了解。

他正在让自己的牌面变得越来越有分量。

作为14年的创业老兵，孙海涛发现他的大学同学、同事，乃至认识的普通人，创业的概率都是很高的。“我毕业时其实很弱，没什么技能，但公司最后做得挺大的，也接受过很多采访报道。我们班同学或者我认识的朋友中，创业的比例是很高的，因为身边的人发生了变化，他们就在你身边。”

他觉得这或许是中国这股创业热潮兴起的原因之一。“你在报纸上看到马云的故事，他对你的影响是很有限的，因为你觉得他离你很远。但如果马云身边的那些朋友看到，那他们就会创业，因为他们觉得自己也可以做出一个很厉害的东西。如果不是马云的影响，他们可能不会去创业。”

从这个角度来看，每一位创业者都是水面上泛起的一道涟漪，当无数个涟漪从不同的时空汇集在一起彼此相连时，就会汇聚成一股充斥着颠覆性力量的浪潮，把创业者这个群体推向社会的主流舞台。浪潮的每一次搏动，都源自个体的足迹，最终将抵达群体的燃点。

对话

×

孙海涛

上市，回归创业者心态，焦虑无止境

记　者：上市的钟声敲响，你当天的心情是什么样的?

孙海涛：焦虑缓解了一点儿，但还是没有预想的那么开心，之前经历了蛮多痛苦的。上市以后，公司还是会有很多责任和增长预期，也有很多过去增长遇到的问题要去解决。总之，还是有很多烦心事。

记　者：敲钟的一刹那，你心里是什么感觉?

孙海涛：没有什么太大的感觉吧。因为那时候我同事敲了几下，我在下面给他鼓掌。反正在那个时间点，我只是觉得不痛苦而已。

记　者：你说为上市经历了很多痛苦，都有哪些痛苦呢?

孙海涛：各种业务的波动，行业的波动。当时，我甚至想算了，不上市了，等（行情）好了再上市。

在这个行业，我们其实是第一家在香港上市的公司。港交所采取的是审核制，所以整个上市过程有很多环节，也有很大的不确定性。那段时间，在香港上市的公司有很多，包括小米，它的上市时间就跟我们撞车了。募集资金的时候，我觉得市场环境很差，所以也有很大压力。

记　者：有人说上市之后，创始人的心态会有变化。你的心态有什么变化吗?

孙海涛：因为在上市前受到的煎熬很多，所以我的焦虑会非常多。上市完成以后，我的焦虑会缓解一些。至少在公司业务方面，我不用焦虑 IPO 的流程环节了，可以把时间和精力花在更接地气的业务环节上。所以，我现在对自己的定位可能是让自己的业务参与度更高。过去，每天操心 IPO 环节的各种事情，心会沉不下去。

记　者：那你现在觉得自己还是一个创业者吗？

孙海涛：半年多以前，我以为 IPO 完成以后，我的创业者角色会淡一些。但从结果来看，我觉得上市反而加速了我的创业心态的诞生。因为你对当前局面是非常不满的，会想着怎么进行突破和改变，比如你要追求更高的回报和增长，那就意味着做出更大的决策，冒更大的风险，这就又回归创业者的心态了。

那天，我在杭州做答谢晚宴致辞。我说早期我一直认为是不是自己的状态有问题，总是很焦虑、很痛苦。后来我想，这就是创业者的常态。焦虑是因为你所面临的市场、环境、监管、业务、商业模式都在变化，你面临着很多不确定性。只要你在创业，公司做得再大，你也会焦虑，只要你认认真真地在创业，这些都是你必须经历的。

（以前）我总是感觉好像过了今年，明年的焦虑和痛苦就会减少。再过两年，我就可以叫上所有的朋友，办一场开开心心的婚礼；再过两年，我就生一个孩子，认真陪他成长和玩耍；再过两年，等 IPO 完成了，我就到外面好好玩一下。后来发现，焦虑和痛苦永远跟随着你，除非你说无所谓了，创业也就这样了，才有可能不再焦虑。但我不知道我什么时候才能有这个状态。

记　者：如果从心态上来定义创业者，你觉得应该是什么样的？

孙海涛：我觉得这应该是一个长期的心理状态，就是愿意投入更多的精力、承担更高的风险，来追求自己认为更加刺激的（事业），是一种更加高效的状态。

记　者：你觉得创业者的最终追求是什么？刺激吗？

孙海涛：不，刺激只是一种感受，它在瞬间可能会让你感觉还不错，但创业者最终还是在追求自己的预期。我认为每个人的内心都会有一个中长期目标，你到底想要达到什么样的状态和高度，只有你自己知道。你内心也许有一个东西，它分散在每一天，你每一个状态的潜意识下面，甚至在你睡前睡后的不知不觉中。它是让你做梦的时候都会隐隐作痛的东西。

“总是失败，总是创业，像个创业机器人一样”

记　者：经常有这种想法的话，会不会影响你正常的生活状态？

孙海涛：会。当你的预期跟现实相差很远，就会影响你的状态，很多生活上的美好期待你可能都不想做了。比如创业前几年我就不想太早结婚，结婚了也不想办婚礼，甚至结婚好多年也没有要孩子，我的朋友都以为我们是不能生。

其实本质上是我的心态（问题），是我不愿意，没有闲情逸致在生活方面投入精力。如果主线在进展过程中遇到挫折，或者跟目标的差距变大的话，我就没有很强烈的想法去发展支线。因为如果你在乎主线的话，势必会看淡其他目标，看淡别人的感受。你做一家企业，会影响很多人的家庭，公司就是一个大家，你要把大家经营好，你的小家势必受到影响。我觉得这两者很难平衡，只能用牺牲来描述。

记　者：当主线遇到问题、特别烦的时候，你的家人、朋友会不会觉得你有些时候比较自私，只管自己的事？

孙海涛：会，肯定会。有一次我买了一本书，书名叫《自私的基因》，我也不知道我为什么要看这本书。每次我拿起这本书，我老婆就在旁边嘲笑我：你这种人就应该看这本书。

记　者：有人跟我说，孙海涛是一个很有意思的人，但好像很少能看到特别快乐的孙海涛。

孙海涛：我觉得快乐是所有人的追求，这是毋庸置疑的，我也很希望自己是很快乐的。只是我可能真实一点，在痛苦来临的时候，也许无法掩饰焦虑和痛苦。也许有一段时间，比如在 2017 年挺长的一段时间内，我就处于比较轻松愉快的状态。但从长期来看，这些都是短暂的。对每个人而言，快乐都是很珍贵的，因为当你陷入那些琐碎的烦恼中时，你的快乐势必会减少，对创业者来说更是如此。

记　者：从记事到现在，你有哪些记忆犹新的、现在回忆起来仍很难忘的人生转折点？

孙海涛：比如生活环境的变化，从安徽到杭州。我大学毕业后就开始创业，现在回家就发现自己跟原来那些同学不是一个世界的，但也没有什么心结是不能化解的。现在大家所处的行业不一样，所以见了面也只是打个招呼而已。

但过去还是有些对我内心影响比较大（的事情）。我念书的时候，有一次过年回家，我二伯意外死亡。公安局给的信息是他下楼梯摔了一跤，颅内出血，人就糊涂了，把门锁上，一直走走走，走到田野里，走到很远的地方，就死掉了。对我来说，二伯是仅次于爸爸的亲人，（他的死）我很难接受。我爸爸去公安局确认尸体的时候，我不敢去，他们也不敢带我去。我在创业的第五六年，我爸爸得癌症去世了。大学毕业后有一年，有一个邻居前一天还在我们家玩，次日她就跳楼死了，我在楼下草地上看到了她的尸体，这对我的冲击有点儿大。

这几个生活中的意外事件，让我的内心萌生了一种莫名其妙的冷漠，好像对待生死有种不一样的感受。所以我不喜欢过生日，也不喜欢一大堆人为这件事情庆祝。

记　者：这些事情对创业、对你的性格有什么影响?

孙海涛：我没有分析出这之间的必然性，我觉得这是我内心的状态。我记得之前有人（对我的）评价是："总是失败，总是创业，像创业机器人一样，人性有点缺陷。"

我印象很深的就是创办第二家公司的时候，我爸爸得癌症去世。出殡那天，家里很多亲戚抬着棺材入土。但有一个创业大赛在北京，从狭隘角度看（我）一定是有问题，但我那天确实回北京了，去参加了那个创业大赛，这就是我做的。所以我对这类事情有一种不一样的内心状态，我觉得自己在人性上有缺陷。

不要退场，保持下注

记　者：开始创业之前，你是否预想到一旦开始创业，会有好长时间都处于这种焦虑的状态?

孙海涛：没有。一开始我是初生牛犊，觉得这种状态很快就会结束，我会很快改变局面，很快出人头地，很快走上人生巅峰。

记　者：这是你当初最开始创业时候的想法吗，赚钱走上人生巅峰?

孙海涛：那倒没有。我就是觉得按照我预想的商业计划，我会很快实现自己想达到的目标，很快我的公司会很优秀，有这种幻想。但随着越来越有创业经验，越来越了解这个世界和商业，自己的幻想就会越来越少，越来越实在。包括创办 51 信用卡，这家公司从商业模式来讲比原来好得多，在业务规模上，包括市场价值，都超出了我创办这家公司时的预期。

记　者：创办 51 信用卡的时候，你（预想）要做到什么样?

孙海涛：我的想法就是改变我过去两次创业的僵局。

记　者：过去两次创业的僵局是什么样的?

孙海涛：就觉得自己没办法突破，好像看到了公司的天花板，做不大，自己再努力也就能提高一点点。在这个商业模式和公司框架下，即使你有很强的武功，也是被困在巷子里面，出不去。我并不是说现在就没有天花板，只是比原来好很多，起码这条路是通往很多地方的，不会让我有一种被困在一个巷子里面出不来的感觉。

记　者：你前两次创业的情况怎么样? 最开始创业的时候是基于什么原因?

孙海涛：（第一次创业）是很理想化的，派很多人把每间房子的照片拍好、画好，然后运营一个网络世界。没想到，这种模式是用人肉的方法绘制地图，需要巨大的人力成本投入，面临着运营地图的商业模式。到今天为止，十几年过去了，全世界还没有一个好的运营地图的商业模式。所以，我庆幸自己三四年就跳出了地图行业。我宁愿不要公司了，也要再去创办一家新的公司改变局面。

第二次创业是做房产。2007 年，整个房地产行情非常好。我想用三维地图的方法做一个网络平台，尝试一种新的商业模式，颠覆房地产中介这个产业。我的预期很高，但很快泡沫就破灭了。你给自己很高的兴奋点，以为自己能做到，但用户根本接受不了。

记　者：你之前做房产算假想市场吗?

孙海涛：我认为所有伟大的创新都是（源自）一个假想的市场。创始人会先假想一个市场，包括 51 信用卡也是一样的，原来并没有这种产品，但是我会假想如果有这种产品（世界）会怎么样。我自己很喜欢，要看看别人是不是也很喜欢。所以我很早就说过一句蛮有哲理的话："世界其实是我们想象出来的。"创新者会假想这个世界是什么样的，然后去验证，大部分验证会失败，只有少数验证会成功。

记　者：现在有人说好多商业模式只有在中国能实现，因为中国人多，你觉得是这样吗?

孙海涛：我觉得是，很多创新应该是中国特有的，美国人可能都难以理解。因为中国人口密度高，经济发展状态整体上是同步的，所以一旦有一个业务、形态或产品方面的创新运动，它的发展速度就是极快的。你想长期经营好一个企业，就要适应这种变化。一次创新和正确决定取得的成就，总会吃完的，所以我们的痛苦和焦虑就是要不断去创造新的服务、新的产品，来服务已有的客户。

记　者：在这条路上，你算是已经走了很远了，创业真是件好事吗?

孙海涛：我觉得人生就像一条曲线，你要经历磨难，才能取得真经。从这个角度来讲，创业吃苦承担风险，考验你的领导力和抗风险能力，对你的人生来讲是好的。但是不排除很多人在这条曲折的路上被妖怪打败了，生活水平降低，或者内心被打败了，认输了，在社会上被人鄙视，或者说过得不好，这也是很普遍的。但只要扛过去，他们就会变强。总之，一个人经历的困难越多，他的技能也会越强。

记　者：现在这个大环境，大家创业的方法不同，有没有可复制的成功学?

孙海涛：我觉得每一位创业者在他的创业道路上都在试图总结怎样去复制别人的成功。他的所有努力其实到最后都无法得到一个确定的答案，他们也许无法复制别人的成功，只能思考怎样做成功的概率才会更高。

我用打牌来描述这种感受，运气的影响会很大，到底发什么牌不是由你决定的，而是由这个行业、市场、时机决定的。你能做的事情是什么呢？那是不要犯错误，不要退场。只要你在场上，在运气来的时候你是在下注的，是在努力的，是在投入的，那你就能获得创业带来的收获和所谓的成功。你要持续努力，摆出成功的姿态，去等待市场机会和环境给你的回报。

记　者：这些年，中国的企业发展超过西方资本主义国家的一些企业，你

觉得是什么原因?

孙海涛：我想根本原因是中国人口多，环境变化大，生活变化迅速，收入迅速提高。在这个背景下，中国还有一个特征就是人口密度高，有很强的勤奋和创业的气氛。这种气氛我觉得更多是榜样的力量，因为大家身边的人发生了变化。你在报纸上看到一个很优秀的人的故事，比如马云的故事，其实他的故事对你的影响是很有限的，因为你觉得他离你很远。但如果马云身边的那些朋友看到，他们可能就会创业，觉得自己也可以做出一个很厉害的东西，而原来他们可能不会去创业。

我从自己身边也能感受到这种氛围。我毕业后其实很弱的，没什么技能，到一家公司工作。这家公司最后发展得挺大的，很多媒体都对它进行了报道，认为它是一家很知名的公司。从这家公司出来创业的人很多，而且我们班同学或我认识的朋友中，创业的人也很多，就是因为我在他们身边。

玖

孟雷＋潘飞

赛场与战场

『草根』与『精英』，

2018年3月1月，皇包车旅行正式披露获得5 000万美元C轮融资，34岁的创始人孟雷和36岁的CEO潘飞，离他们“让每一个他乡总有故人”的梦想又近了一步。

4年覆盖全球90多国家和地区、1 600多座城市，有10万名注册司机导游。看起来，皇包车旅行真的有可能改变出境游这个行业。与此同时，它也不可避免地遭遇传统企业和行业巨头的抵抗。这种抵抗，它既预料不到，也不知道什么时候发生，只能见招拆招。

而故事的两位主角，一位是“草根”，一位是“精英”；一位在创业路上摸爬滚打了十几年，一位在巨头公司潜心修炼了十几年。他们原本没有任何交集，最终却因为时代的契机，出乎意料地成了最好的创业搭档，这或许是这个故事在另一个层面的精彩之处。

“一直都有很难的事，习惯了就感觉不到了”

2013年开始的那场全民消费升级热潮，让自由行、出境游取代跟团游，成为新一轮的旅游风潮。对于一个护照持有人数只占总人口数10%左右的市场，其中的商业空间可想而知。

行业的极速变革，往往意味着机会丛生，旅游产品的全球供给至今仍然非常分散，服务非常不可控，打造一个全球最大的供应链平台，机会是完全存在的。机敏的创业者们总能嗅到市场空间的所在。这一年，孟雷意识到，自己做了 11 年的高端人群机票预订业务在未来会遇到极大的瓶颈，即使该业务当时每年的利润保持在 2 000 万元以上。

全面考量之后，他果断把公司卖掉，转而创立了一个专门连接境外华人司导（司机兼导游）和出境游用户的包车游品牌——皇包车旅行。

他专门创造了“司导”和“包车游”的概念，意思是“如果出国旅行，在当地有个导游带你一起玩，这种感觉就像在异国他乡跟自己的老朋友换了个城市生活一样”。

这种形式的赛道和概念都很新颖，但高端、低频的需求注定了他前期需要付出高昂的教育成本。“一个高频需求，讲一个故事，半年就可以收到回报了，投资人很喜欢。而皇包车旅行，需要两年半才能有回报，融资难是我们必须要接受的一个弊端。”

加之创始人孟雷上完中学就开始创业闯荡的草根背景，在早期融资阶段，他吃尽了苦头。

2015 年年底，刚入职一个多月的皇包车 CEO 潘飞被财务负责人拉住：老潘，我们聊聊，如果按照现在这个速度，我们账上的钱只够花两个月。

这时距皇包车 A 轮融资到账才几个月的时间，创始人孟雷还一心扑在与竞争对手的价格战上。潘飞火速找到孟雷商量对策，孟雷又从他身边的朋友或客户那里筹集了 2 000 万元，才惊险地度过了这次危机。

事关融资的每一步，孟雷都走得战战兢兢。到了 B+ 轮融资，就在钱快到账的时候，外界有传言说国内旅游行业巨头收购了皇包车旅行的直接竞争对手。听到这些传言孟雷的心一下子提到嗓子眼了：钱还没有到账，不知道投资人听到这个消息会怎么想，会不会跳票。

然而，创业永远会遇到更难的事情。

16岁辍学北漂，孟雷有过11年漫长的创业经历。但他都是靠单兵作战，把服务做好，把用户找到，生意就做成了。而互联网公司最大的特点是要兼顾各个方面，市场、研发、技术、供应链，把各类人才放在一起，并且让他们协调、高效率地运转。

当员工数量从10多个扩大到超过80人的时候，引入一位拥有大公司管理经验的管理者成了迫在眉睫的事情。孟雷动用了各种关系，在接触了20多位来自业内领先的OTA（在线旅行社）平台的中高层管理者后，把目标锁定在当时恰好和皇包车旅行有合作关系的业内最老牌OTA平台高管潘飞身上。彼时，潘飞是携程内部创业项目“当地玩乐”的事业部总经理，管理着200人的团队。他管理的这项业务很有前景，薪酬激励体系也很完善，他本人刚定居上海一年多，孩子还小，处于开启一段好日子的状态。

得知孟雷想挖他，潘飞想都没想就拒绝了。一家名不见经传的创业公司，只是他接触的上千个供应商里面的一个，哪来的自信，敢挖老牌OTA平台的骨干？

但16岁就出来闯荡社会的孟雷是天生的冒险家，一周内三次专程从北京飞到上海，找两人共同的朋友在潘飞面前吹风。说得潘飞都不好意思了，于是写了一封万字长文，帮孟雷梳理项目逻辑，并在结尾赠言：项目很靠谱，但是我肯定不来。

但孟雷依然没有放弃。潘飞事后回忆：“那封信我觉得正常人看完之后都会绝望的，但他看到的是机会。”或许这就是孟雷的能力吧，在他眼里，好像没有什么不可能。

加入皇包车旅行后，潘飞才发现，公司管理跟不上发展的速度，几乎没有一个有资源的职业经理人。他迅速梳理战线，在团队管理、运营、市场方面完成更迭，同时开启了与携程等在线旅游大平台的渠道拓展。

草蛇灰线，伏脉千里。全民旅游消费升级的全面爆发，让那些眼光长远的人迎来了收获期。在潘飞加盟皇包车旅行的第三年开春，公司获得了 C 轮融资。2018 年 3 月，皇包车旅行完成 5 000 万美元 C 轮融资，变成了美元结构的公司。

这次进阶的背后，是中国已经连续多年保持世界第一大出境旅游客源国地位。

“在那样的情况下，他选择了信任我，给我打开了一个世界”

敢想敢干、接地气、小钢炮，是媒体和投资人对孟雷的共同评价。

这些品质部分归功于他与众不同的成长经历：生于山东农村，从小住牛棚，16 岁只身来北京，睡过地下通道和 ATM（自动取款机）机房，做过所有不需要文凭的工作——服务员、KTV 服务员、保洁、餐厅后厨、发小卡片的地推。

最多的时候，他同时做三四个小生意，白天开餐馆，晚上雇用十七八个人在地下通道或天桥卖书，霸占一方“黑书”市场……2006 年，他靠双手完成资本积累，在北京一下子买了三套房。这种经历，即使放在整个 80 后群体中也是不多见的。

孟雷最特殊的地方在于，尽管遇到诸多窘迫的情况，他依然感叹这个世界对自己很好。因为做过很多小生意，他才得以获得足够丰富和精彩的经历，得以拥有对很多事情的判断能力。

他觉得自己总是在一口井中，这口井让他充分挖掘到自己的人生价值。每当不知道该往哪里走的时候，他会突然间不由自主地跳到另外一口更大的井里，然后自己的整个认知被打开，格局被拓展，让他开始追逐让生命更有质量的事情。对他而言，这是非常幸运的事情。

对于刚 30 岁出头的他来说，更大的井或许就是创业。在这其中，他再次验证了自己的运气。

他很快迎来了自己事业的转折点，其中掺杂着运气，还有些许遗憾。

2013 年，孟雷卖掉了上一家公司。在实现财务自由之后，他带着太太和两个孩子到欧洲旅行。经朋友介绍，他认识了一个在当地开餐厅的华人——老徐。刚刚离开祖国的孟雷，由于缺乏对陌生人的信任，一直没有把老徐看作朋友，只把他当作一个普通的付费服务者。

然而，一件事彻底改变了孟雷的观念。到瑞士时，他发现自己居然不小心把护照遗忘在上一个目的地酒店，而返回去取至少要花一天的时间。为了分散孟雷的注意力、调整他的情绪，老徐贴心地帮孟雷安排好了一天的行程，让他带着家人去玩，而自己则毫不犹豫地驱车 14 个小时去取护照。孟雷带家人玩了一整天，却找不到回酒店的路，万般沮丧无助之时，老徐奇迹般地出现在了他的面前。当时的孟雷，就像个孩子一样，感动满满地拥抱了老徐。然而，正当他已将老徐当作朋友的时候，老徐对他的称呼仍然不改，生分地喊了声：孟总。

这种藏在心底愧疚又感激的复杂心情，点燃了孟雷的创业之火。“我觉得这个世界上的很多事情都是缺乏信任和爱的。我们去旅行，有一个当地人像对待朋友一样对待你，给你爱，给你信任，这是一件非常美好的事。”

选择创业之后，孟雷越发觉得，信任和爱不可辜负。

在公司，他常常喝完酒拉着潘飞聊自己有多幸运。他坦陈，自己最狠不下心来对待的就是潘飞，只因为“在那样的情况下，他选择信任我，我不管他的决策逻辑是什么，我所有的感受是，这么关键的节点他选择信任我，是给我打开了通往一个世界的大门。”

人与人之间的作用总是相互的。对于骨子里多多少少也有一些不安分的潘飞来说，孟雷的出现，同样帮他开启了一个全新的人生。

在孟雷出现以前，潘飞的内心已经有一些隐隐的恐慌。从携程到去哪儿，再到辞职开高端酒店，又重回携程，9 年多没有停止过折腾的他，突然发现自己有一天看到了未来 5~8 年的可能性。“我的生活变得很确定，这对我来说是一个非常大的困扰。我特别不希望自己未来的生活是很确定的。”

即便最初拒绝了孟雷，他依然心事重重，直到被太太看出端倪，一句“我不想你过了几年会后悔说当时有机会没去试一试”让他坚定了选择，举家从上海搬到了北京，把家安置在了离公司只有 3 分钟骑程的地方。

一个创始人，一个 CEO；一个白手起家、感性到极致、什么都不怕，一个有大公司经历、掌握科学的管理方法和系统的思考方式、理性到极致；一个遇到问题很焦虑，一个越遇到难题越兴奋——这样的创业组合，既能相对有效地控制决策风险，又不至于不敢做一些不那么确定的尝试。

在现实的朝夕相处中，退让和妥协不可避免——就像过日子一样需要磨合。潘飞说自己一旦有一些新念头，就会不停地跟孟雷念叨，这是主动沟通的过程，可能不那么高效，但只有高频充分的沟通，才能打破公司掌舵人之间的信息壁垒。

从某种意义上来说，两个出身、性格、背景迥异的人，几乎不可能通过其他方式被如此牢牢地绑定在一起，除了创业。他们对未来都充满了激情，尽管这条路上机会与风险一直并存。

“创业就像骑摩托艇，骑得越慢，对浪的感知越大”

创业热潮下，再细分的行业也注定伴随着竞争，境外旅游交通也是如此。越来越多旅游创业公司涌入目的地交通服务这一领域，它们商业逻辑相似，归根结底拼的是细节策略和执行效率。效率即速度，速度在一定程度上是可以让公司提高竞争壁垒的，不管是资本的窗口期，还是组织的管理问题。

对于这一点，4 年走到 C 轮融资的孟雷感受颇深。“一旦速度被拉起来，人在参与的过程中就有足够的愉悦感，就不会有部门政治，也不会太计较小我的利益，因为总有更重要的事情要做。”

“骑摩托艇时我发现，你骑得越慢，对浪的感知就越大。就像公司，如果不能提速了，那一切都是空谈；如果业务不能快速增长了，那问题就会天天暴露。这个地方管理有问题，那个地方人家说不公平，各种声音都会出来。但是当速度足够快的时候，你是感知不到浪的存在的。”

从某个层面来说，这也是中国特色。在中国，任何与人口红利相关的机会，都有可能成为巨大的市场，引发需求的爆发性增长、商业的机遇、技术的迭代……但是如果竞争壁垒不够高，就会吸引来非常多的竞争者。

在与自己的创业者朋友交流的过程中，孟雷同样深刻地感受到，中国的创业者把创业当成一场战争，而他们的海外同行则更多把创业当成一场竞赛，或者一种职业。“对于我们这批创业者而言，创业是一种人生选择，能改变我们的很多方面。”

通过创业实现成功或对做有价值事情的渴求度，没有哪个民族比中国人更强烈。这种强烈的渴求，或许正是对投资人张颖对美国创业者说的那句“你们很幸运，没有在同样的战场跟中国创业者厮杀，如果找到一个同样的厮杀点，你们（国外创业者）会被杀得片甲不留”最好的注解。

对话

×

孟雷、潘飞

创业与搭档：就跟过日子一样

记　者：孟雷当时是怎么把你说动的？他有没有讲动人的故事？

潘　飞：没有。他一开始找我的时候，我毫不犹豫地拒绝了。

孟　雷：以万字长文来拒绝，拒绝得特别有水平。高质量的拒绝。

潘　飞：一开始我内心就是拒绝的，就三个字：想啥呢？我后来知道他当时通过各种各样的关系找了几家老牌 OTA 平台的所有 80 后中高层管理者的名单，有 20 多个人，想尽各种办法和所有人都见了一面。

孟　雷：像不像选妃的过程？

潘　飞：孟雷当时是我的供应商，其实他是以供应商的身份来找我。恰巧当时皇包车旅行刚发布了融资新闻，所以我决定去见一见他，和他聊一聊。见了面后，我觉得就很奇怪，因为一般供应商找我们都是聊运营技巧，比如怎么提升排序，怎么配合能多拿订单。可他不聊这些，上来就问我怎么管理部门，还是相对独立的业务板块。当时，我就觉得这个人是个奇葩。但我无所谓，就陪他聊，聊我怎么管理部门，怎么管理事业部，遇到各种各样的问题怎么解决。

后来，他确实很有诚意，一个星期内从北京飞上海 3 次，找我认识的旅游行业的人、创业公司的 CEO 和投资人，让他们轮番来找我，找得我都有点不好意思，然后才有了那封万字长文的拒绝信。其实，我就是帮他梳理出整个商业逻辑，也在想他到底做的是件什么事。那封拒绝信大概的意思就是……

孟　雷：这件事还可以。

潘　飞：这事很靠谱。

孟　雷：但是我不信。

潘　飞：因为我实在来不了。由于我们认识一些共同的朋友，所以我当时想如果他需要帮助，我可以义务帮他做很多类似咨询或者梳理的工作，就当交个朋友，但我肯定不来。但是他还是锲而不舍，这点真的让我很佩服！那封信我觉得正常人看完以后都会绝望的。

孟　雷：我会把一个人有没有可能跟我一起做事分两部分去看——一部分是他的成本，另一部分是这件事他是不是认可。从那封信中，我读到他对于这件事情的判断和梳理，他会认为这是个机会，或者简单地说，他对这件事情是认可的。剩下的条件我觉得他是具备的，无非是第一部分的成本问题。在我眼里，所有的成本问题都是可谈的，可以通过沟通达成一致。所以，我觉得机会来了。

潘　飞：他的锲而不舍确实让我持续地想着这件事。在想的过程中，我太太的支持是非常重要的。因为一开始，我跟太太表达的就是我肯定不会去。我刚搬回上海一年多，在原来公司的发展通道也都还算宽敞，一切都很顺利、舒适，孩子也比较小，处于一种可以开启一段好日子的状态。但是没想到我太太看出来了，觉得我那段时间心事重重。她主动跟我说：你如果想去，没有关系。我不想过几年你后悔当时有这个机会没去试一试。其实，她这句话对促成这件事是很重要的。

再加上他锲而不舍，以及我对这件事情的持续思考，我想那就搏一搏吧。因为我其实也是一个不太安分的人，从携程到去哪儿，又自己做高端酒店，后来又回到携程，一直在换城市。我问自己：第二次回携程以后就这样了吗？将来 5 年、8 年就在这儿一直工作下去了吗？我的内心会有一些隐隐的恐慌，我看到了未来 5 年、8 年的可能性，这让我非常焦虑。我的生活变得很确定这件事对我来说是一个非常大的困扰，我特别不希望我未来的生活是很确定的。所以我觉得，可能我内心也有这样的冲动，终于在旅游行业看到了一个我觉得可能达成的机会，于是内心就越来越骚动了。

记　者：这算是幸运吗？

孟　雷：当然。我俩总聊这个话题。为什么我最狠不下心，或者没有办法特别狠心对待的就是潘飞？因为我觉得当时在那样的情况下，他选择了信任我。我不管他的决策逻辑是什么，但我的所有感受是，这么关键的节点他选择信任我，给我开启了一个世界。

潘　飞：（孟雷对于我来说）也是非常重要了。我很难想象自己现在还在大公司里上班是什么样子。这给我的人生开启了一个全新的可能。因为我跟他说，我对未来生活是确定的这件事很焦虑。我特别不希望自己未来的生活是确定的。

记　者：你来了之后顺利吗？刚刚到的时候是什么状态？

潘　飞：我刚到的时候，我们聊的是公司很快就会获得 B 轮融资，这事基本靠谱了。所以，融资的事不用我操心，我就专心地先看看业务。但来了大概一个多月的时候，有一天我们的财务人员跑过来找我说：潘飞，我们聊聊。他说咱们一起看看公司目前的财务状况，我说好。结果一看，我们账上的资金如果按照当时那个速度只够花两个月的。我就找到孟雷说：你知道我们现在账上还有多少钱吗？他说应该还挺多的吧，我说账上的钱如果按照现在这个速度只够花两月的，他说不可能。

孟　雷：我当时是真的认为不可能，一定是弄错了。我可能是相对比较乐观的人。

潘　飞：他就是花钱不担心。然后，我给他看了公司所有的财务数据。我告诉他钱不够花，要抓紧融资。当时，我们面临一个决策：要不要踩刹车？因为照这个速度，我们很快就会没钱的。但是当时我们已经接触的一些机构和投资人给我们的反馈还不错。

孟　雷：我们感觉很良好。

潘　飞：我们感觉良好也是因为没有融资经验。现在，没有什么投资人会当面拒绝你，都会说“很好啊，我们抓紧继续往前推进，保持联系”，都是这样。所以，我们当时和他们接触后，觉得好像还行。那既然如此，我们就别踩刹车了。结果发现，事情根本没有那么容易。我们最后花了大概 6 个多月才拿到钱。他到处筹钱，筹集了将近 2 000 万元人民币。

孟　雷：其实跟钱相比，时间问题更加紧迫，公司要继续活下去，账面上的资金必须要有保证。所以我就跟身边的朋友或客户借钱，最后筹了 2 000 万元，算是解了当时的燃眉之急。我还是幸运的。我记得当时有一件特别有意思的事情，就是我原来的一个客户，平时跟我没有什么关系，我打电话问他借钱，他竟然没有犹豫借给我 300 多万元。我现在觉得这个事特别有意思。

记　者：这算是你们俩在一起的时候遇到的最难的事吗？

潘　飞：算是最难的事之一吧。创业一直都会遇到很难的事。

孟　雷：难习惯了，就感觉不到了。

潘　飞：当时觉得很难，过来以后觉得没有比这更难的事了。我们进行B+ 轮融资的时候也是一样，会遇到各种问题，比如资金快要到账的时候，有消息说携程收购了我们的一个竞争对手，这个消息什么时候公布我们也不知道。我们的资金还没有到账，也不知道投资人如果知道这个消息会怎么想，会不会跳票。我在遇到问题和困难的时候会很焦虑，顺利过关后会比较平静，而他是遇到的问题越大他越兴奋。

孟　雷：而且我发现我越兴奋，思考得就越清晰，做错的概率在下降。

潘　飞：公司越顺利的时候，他越像热锅上的蚂蚁，焦虑得不行，总觉得到处都是问题，不停地跳来跳去，不停地唠叨。在融资困难的时候，反而听不到他叹气。但是在公司顺利的（时候），他从早到晚都在叹气，觉得这也不对那也不对。

记　者：你们在配合工作当中，在决策上谁相对是主导？

潘　飞：我觉得这得分事情。我自己的感受是，没有一件事情是非常清晰地由我去主导的，我拍板说这件事就这么定了。我是刚有一点念头的时候，就已经开始不停地跟他念叨，在我念叨的过程中他也会思考。我觉得这不能叫说服，我希望是影响。这可能会导致一方处于引导的地位，另一方妥协得更多。这是磨合的状态问题，不是角色问题。

孟　雷：我觉得两个人都有退让，这跟过日子一样。如果只有一个人退让，而另一个人不做任何改变，肯定不可能磨合到现在。

潘　飞：但是我做自己会比他更多。虽然他是一个更外向的人，但是其实并没有太多地主导我。有时候你可以认为他是在退让，有时候你也可以认为他是在包容。他会（退得）多一些，我其实还是比较坚持地在做自己。

创业与骑摩托艇：骑得越慢，阻力越大

记　者：聊一下你们安排这次（团建）的目的。

潘　飞：其实我们的初衷特别简单，就两个目的：一是希望通过大家共同经历一些困难，挑战一下自己的极限，增加团队之间的信任，提升团队凝聚力；二是让我们这些核心合伙人在一个相对远离工作环境的地方，能够安静下来，梳理一下过去，算是一个复盘，看看自己过去做的事情，有哪些地方做得不够好，下个阶段该怎么办。

记　者：你觉得团队需要拉练?

潘　飞：整个团建队伍里的管理层中，应该有三分之一的人加入公司的时间不超过半年，他们是因为我们需要更多优秀的人才加入的。大家一直没有一个机会去互相认识、互相了解，也没有共同经历过这种挑战。我觉得不经历挑战的队伍，只会纸上谈兵，就像没有经历过战争、没有经历过演习的军队，很难有战斗力。

记　者：为什么不用温和的方式?

潘　飞：我认为（用温和的方式）达不到这样的效果。

记　者：这跟你的个性有关系吗?

潘　飞：一方面是跟我的个性有关，另一方面是我看到很多的成功案例都是非温和的，都是采用挑战极限的方式的。

记　者：你想过后面可能会出现什么样的危机吗？是提前考虑还是见招拆招？

潘　飞：我觉得只能见招拆招。越往后走，公司遇到的危机会越大。

这其实也是我这次出来徒步的感受。我们觉得 C 轮融资资金到账了，终于有时间可以梳理改善一下组织关系了，而且也承诺大家大半年了，做旅游行业的还是要找机会出国让大家开个会，但一直拖到现在。但是我们在徒步的第一天，就发现外界开始有新的舆论出来抹黑，很多是我们之前没有遇到过的。

孟　雷：非常零散的、小的传统竞争者组织起来要抹黑我们。

潘　飞：这边才刚徒步两天，我俩就不停地在处理这件事。其实就是获得 C 轮融资后，大家觉得我们对他们的威胁越来越大了，认为我们真的可能有机会改变这个行业，会抢他们的饭碗。

孟　雷：我们从小的竞争者变成了巨头。

潘　飞：你的公司越大，你的靶就越大，瞄准你的枪就越多。这种事情谁也预料不到，不知道什么时候会发生。

记　者：大家都说对创业公司而言，最关键的是速度，为什么速度对创业公司这么重要？

孟　雷：我觉得创业是对每一次机会的捕捉。你可以从不同的角度来定义它，比如需求爆发性的增长，或出现了商业上的机遇、技术上的迭代，然后就会有一群人捕捉这个机会，所以反应一定要快。而在开始聚积一群人去捕捉机遇创业的时候，你就没有时间建立相对完善的管理体系。

就像骑摩托艇时，我发现骑得越慢，对浪的感知越大。就像一家公司，如果没有增速了，一切都是空谈。如果这个公司业务不能快速增长，就会被质疑管理有问题、不公平，各种声音都会出来。但是当你的速度足够快的时候，你是感知不到浪的存在的。

记　者：从某种层面上来说，快是不是有意忽略问题？

孟　雷：不叫有意忽略，但可以掩盖一些问题。因为快，所以大家在参与的过程中有足够的愉悦感，那么部门矛盾就不会出现，因为大家没有时间去考虑办公室政治。经理不用考虑升职的事，因为下个月就可能让他去干总监的活儿了，因为总有更重要的事情等着他做。

潘　飞：另外，我觉得这也是中国特色。中国的经济水平已经发展到一个很不错的阶段，与此同时，中国的人口红利又非常大，所以任何一个机会，只要和人口红利相关，就有可能成为一个大的机会，而且竞争壁垒又不够高，就会吸引非常多的竞争者。竞争越激烈，你的资金利用效率就越低。速度是可以让你在一定程度上去摆脱竞争和提高竞争壁垒的。

记　者：张颖说国外的创业公司如果来中国的话都得“死”。

潘　飞：我认可，我真的是认可的。我觉得速度是原因之一。

孟　雷：其实更多的是因为人口红利，潘飞刚才提到了这一点。因为有人口红利，所以我们才有更多的机会去把它做快。还有就是，我认为整个中国 75 后、80 后、90 后这一批创业者的抗压能力、综合素质及对于成功或做有价值东西的渴求度，是超过国外的创业公司和创业者的。可能他们已经相对成熟，做了很多年了，把创业当成职业的心态会更多一些。我也会跟一些创业者去沟通和交流，对于我们这些人来说，创业是我们的一种人生选择，它能改变我们的很多东西。

潘　飞：很多中国的创业者把创业当成一场战争，而海外很多创业者只是把它当成一场竞赛。

孟　雷：要么死，要么活。

回望初心：这个世界缺乏信任和爱

记　者：消费给你带来过困扰吗？

孟　雷：我过早地见证了这个世界上最糟糕的一面，也过早地品尝了这个世界上最美妙的东西。从我有记忆开始，我们家就是我们村最穷的，别人住的都是房子，而我们家住的是牛棚，是生产队分下来的牛棚。因为我爸的兄弟姐妹多，老一辈没有能力去提供更好的生活，盖不起房子。所以从我有记忆开始，我们家的生活就是非常艰难的。

16 岁到北京后，所有不需要文凭做的事情我基本都尝试了，服务员、KTV 服务员、保洁员、餐厅里所有工种……最多的时候我同时做三四个小生意，比如我可能开着一家小餐厅，然后晚上大概雇十七八个人垄断某一区域的天桥、地下通道的所有售书摊。我觉得这样的日子挺好的，足够丰富和精彩，而且提高了我对很多事情的判断能力。

在大概一两年的时间里，我一直做各种小生意，就这样把自己的基本生活问题解决了。2006 年，我连着买了两三套房，这算是我在生活上开始不拮据且相对充裕的时候。

记　者：有没有想过自己这 10 来年的变化？

孟　雷：幸运，太幸运了！我觉得我总是在一口井中，这口井让我充分挖掘自己的人生价值，在我不知道该往哪里走的时候，也不知是否是命运有意为之，我突然之间又跳到另外一口更大的井里。我不知道是不是我性格的原因，反正我总是这么幸运，然后我的整个认知被打开，价值观也发生了颠覆性的变化。我对人生、对世界、对价值的理解都发生了很大变化。我开始追逐让生命更有质量的事情，这是非常幸运的。我现在的感受和创业给我带来的回报，跟我当时预想的完全不一样。

记　者：当初为什么选择（做出境城市旅行）这样一个创业方向？

孟　雷：我当时刚从上一家公司退出，卖掉了公司去旅行。在旅行过程当中，我通过朋友介绍认识了一个当地开餐厅的人。前面三四天，他全程开着车像朋友一样带我玩。但是当时我刚刚出国，面对陌生人是缺乏信任的，我所有的待人逻辑就是我用货币回报你。

第五天发生的一件事情，让我改变了这个逻辑。我的护照落在了斯图加特，到瑞士入住的时候我才发现。结果他毫不犹豫地说要开车回去帮我拿。这一趟来回要 14 个小时。走之前，他还帮我安排了第二天滑雪的行程。结果第二天滑完雪之后我特别沮丧，因为我不知道怎么坐车回酒店。我就带着女儿在小镇上溜达，我女儿还不停地问：爸爸，我们为什么不回去？然后，他出现了，开着欧宝，从一个街角转过来。那一天一夜，发生了这么多事情——他帮我回去拿护照，及时出现在我面前，让我特别感动，也让我心生愧疚。可从这天开始，他开始叫我孟总，之前他不是这样称呼我的。

我觉得他不把我当朋友了，在他把我当朋友的前三四天，我却把他当作一个服务者，付费给他。在我被感动、觉得他是我朋友的时候，他却开始叫我孟总。这个愧疚一直在我心里，我就想找一个机会——不能算弥补，至少是给自己一个交代吧。一个人给你那么多信任，那么多爱，但你却没有去回报，这大概是我最开始的痛点。我觉得这个世界很多问题的出现都是因为缺乏信任和爱。

你到一个地方去旅行，有一个当地人像对待朋友一样对待你，给你爱，给你信任。但是在这个过程中，因为我自己心态上的问题，让自己没有旅行的愉悦感，觉得很遗憾。这件事启发、促使我做了城市旅行。我希望让用户基于信任——不管对人、对平台的信任，还是对品牌的信任——选择我们的服务，在到目的地时，有一个当地人跟他一起完成旅行。我们则竭尽全力去提供可控的好的服务。

拾

戴威

理想主义者的狂奔

“如果你们不想战斗到底，那现在就可以离开公司。”2018 年 5 月中旬，在一次百人动员大会上，ofo 小黄车创始人兼 CEO 戴威表态说，ofo 要保持独立。他不想让步，尽管如今大范围的资本风向早已从满怀热情转为怀疑共享单车这门生意是否能独立存在，但是戴威的倔强，超过了所有人的预期。他的理想和初心，早已为如今的选择做了铺垫。

2015 年下半年，一场资本寒冬让整个创业市场冷清下来。直到 2016 年，以共享单车为代表的共享经济给创投圈指明了新的方向。中国原创的单车共享模式以令人咋舌的融资速度和错综复杂的资本博弈，成为那两年的热议话题。

创业市场就像是一个轮回，仅两年时间，共享单车市场便沉寂下来，头部企业格局基本已定。在这里面，起于北大校园、最早提出单车共享概念、三年估值过百亿元、坐拥上亿用户的 ofo 迅速脱颖而出，成为资本和巨头的宠儿。

ofo 创始人戴威，一边享受着被加速的感觉，这些商业资本让他实现梦想的脚步更快了；一边不得不承受着错综复杂的多方博弈压力——这个一出生就被资本追逐、巨头环伺的行业，从鲜花满身到质疑重重，最短只需要 6 个月。

2018 年 4 月，ofo 的主要竞争对手摩拜“卖身”美团，将两者合并的可能性降为零。随后，ofo 被曝出拖欠供应商货款、股东阻止下一轮融资的不利消息。

在一系列冲突中，创业者的个人选择似乎是最不值得一提的因素：要么服从，要么出局。戴威选择了第三条路，他用一句“不会放弃”宣誓了自己独立运营的决心。

独立这个执念，从戴威决定创业的第一天起就已经深埋在 ofo 创始团队的基因里。

早期的快速增长，让这个大学生创业团队一度手忙脚乱。在加速的过程中，需要面对的困难和挑战越来越多，而且每天都会出现新的可能和挑战。

这是一个足以让一般人崩溃的过程。大多数创业者创业三年五年才会面临的压力，到 ofo 这里，几乎是 3 个月、5 个月就会出现。

“2016 年年初，经历了 A 轮融资之后，我们有一个加速的过程。我们开始扩张，团队变大了，业务规模也变大了。在这个时候再出现问题，留给我们去思考解决的时间就变短了。从发现问题到解决问题，两三个月内可能就必须完成。”

如今，ofo 公司的员工已经超过 1 000 名，出现的问题如果在两天内得不到解决，就可能变成一个非常严重的问题。

作为公司的领头人，戴威还面临着外部决策、处理战略投资关系等事关公司未来方向选择的问题，这些都是与生俱来的压力。

“创业者能跳过龙门，就是龙。也有千千万万的创业者跳不过，因此公司没落。天将降大任于斯人也，你必须顶得住这个压力。”真格基金创始人徐小平说。

而鱼总是想跳过龙门的。

为了应对业务的高速发展，戴威在 ofo 内部启动了自省机制。“2016

年我最后悔的事情就是，当时有人说为什么你不在城市里投放试一下，我说这不行，还找了 10 个理由。如果当年 5 月我们就投放一些共享单车试一下，早 5 个月进入城市，可能处境会有很大不同。人就是有思维惯性，路径依赖。”

在与资本、传统巨头的不对称博弈中，一个创新个体所爆发出的顽强求胜欲和自我迭代精神令人钦佩。三年时间，ofo 团队经历了很多次超出能力范围的困难、压力，甚至生死关头，跌跌撞撞之中，他们爬起来的速度越来越快。

这个 27 岁的年轻 CEO 在复盘公司发展的时候，完全不像一个仅仅创业 3 年的 90 后。“一天有 24 小时，如果我们解决了 10 个问题，那就比解决 1 个问题时的成长快了 10 倍。”

创业中解决问题的办法，只有舍命狂奔。

然而时间并不是全部。这个被经纬中国创始管理合伙人张颖评价为“成熟的、想做事情的年轻人”的人，似乎更愿意衡量行动本身。“打游戏升级，不是在线时间长就能升级的，而是要看你打了多少怪，完成了多少任务，最终靠经验值的增加去升级。”

独立思考和快速行动，是戴威自始至终的底气。

ofo，有个年轻的理想主义者想和世界谈一谈

创业并不是戴威的第一志愿。他的创业缘由，带着一些公益和理想主义的色彩。

2013 年，戴威从北京大学光华管理学院本科毕业。这个群体当中的很多人，毕业后都直接去投行工作，而这个 19 岁就拉着室友聊“怎样的人生才有意义”的理想主义青年，则做了一个惊人的决定：去青海省大通县东峡镇支教一年。

他给自己在学生会的老搭档杨品杰发了一条短信："一起到青海，干一票大的！"对此，大学同学的评价是：敢想敢做。前一天交给他的事，不管多晚多难，第二天准能完成。

他是一个知道自己想要什么，也会努力去得到的人。

东峡镇的冬天，最低气温零下 25 度，没有暖气的室内，晚上要盖三床被子裹三层衣服才能睡着。更难捱的是水资源紧缺，连洗澡都是一件奢侈的事。他只能每周末从镇里骑车到西宁市区去洗澡，这一路程是 57 公里，要在山路上骑 3 个小时的自行车。

在这样的境遇下，戴威深刻感受到"自行车真是个伟大的交通工具"。他很快回忆起自己当年上大学第一个加入的社团就是北大自行车协会，大一就跟着大家一起去凤凰岭拉练，还由此结交到同样热爱自行车的 ofo 联合创始人张巳丁。

2014 年年初，青海高原的教工宿舍里，戴威和后来成为 ofo 联合创始人的薛鼎一起，就着一碗方便面，碰出了"ofo"的名字，这三个字母连起来像是一辆自行车。窝在小山村里的两个人还希望，不管到哪个角落，大家看到 ofo 这三个字母都能立刻念出来。

他注册了 ofo 的域名，公司就以"东峡大通"为名，开始酝酿一份有关自行车的事业。

离开青海的时候，戴威把在青海的两辆自行车寄回了北京。

从青海回到北京，戴威很快开始了读研生涯。虽然 ofo 的名字注册了，但他还没下决心创业。

点燃他创业梦的是真格基金创始人徐小平。

支教期间，他参与了"西部愿望游学团"项目，带西部的孩子去北京、上海游学，在当地县城组织小中学生踢足球、打篮球。

有一次，他参加徐小平组织的北大创业沙龙，想要为自己的公益项目募资。

“每年你能募集到多少资金？”

“一年能募集 15 万元。”戴威很自豪地说。

“你们几个人做公益，谁理你们啊？你应该创业，等你有更大的影响力之后，你的朋友圈更厉害了，你再做公益可能一下就能募集 500 万元，就能帮助更多的人，如果你的初心还在的话。”

徐小平的一席话，点燃了戴威心里的一团火焰。“做公益一年募集 100 万元就很厉害了，对社会的影响是有限的。如果我们创业成功，再来做公益的话，不也很好吗？也不违背我们当初做公益的想法。”

彼时，国内的创业风潮已经开始涌动，资本开始活跃起来。回到北京的戴威发现，上街拦出租车，司机都会说已经接单了，不停了。

这一年，反反复复在想以后是找工作还是创业的戴威终于下定决心创业。“人大部分时候都面临两种选择：安于现状和我要改变。前者是去适应环境，去妥协；后者是哪怕机会渺茫，也要坚持去做一次尝试。”

“在遇到很大挑战时，永远选择不放弃。这是在正式创业之前，我感受到的最重要的事情。”

“无论如何我会还，你再给我 100 万元”

从 ofo 的办公室向北远眺，正好是北大校园。

当时还是学生会搭档的 ofo 联合创始人杨品杰问他：“咱一个年级的同学，就你背几百万元的债务，你是什么感觉？”他笑一笑，没有回应。一个在校大学生，在工资、房租都拿不出来的情况下，找投资人借 100 万元，自己抵押担保，或许在很大程度上靠的就是信念。

对于创业，戴威很早就有一种理想主义的笃定。

上大一的时候，他尝试盘下学校周边的餐厅做共享餐厅，还雇用了自己的第一个员工。那是 2011 年，还没有太多人提创业的事情，“双创”是三年后才提出的。

上大三大四的时候，他用“应该有更多大学生创业”的口号竞选上北大学生会主席，一边实践创业，一边支持同学创业。在他毕业之后，北大学生会还孵化出 3 家创业公司，这是他口中的“小小成果”。他的想法很朴素：“就想解决社会就业问题。自己边上学边创业，心态上也比较轻松，能大胆进行一些实践，无所谓成败，既能够锻炼自己，也能为社会做一些贡献。”

这种爱折腾的劲儿，或许可以追溯到他上小学时。那时候，他就爱做附加题，把一道数学题研究出 20 种解法。

这个爱琢磨的少年，在与时间的博弈中，爆发出了顽强的求胜欲。“有时候工作上会有一些压力、挑战，但我总是把它们看成是成长和学习的机会，就跟解数学题一样，这道题越难，我就越有把它解出来的欲望、冲动和坚持。”

戴威第一个锁定的创业方向，是小众的定制深度骑行游。他效仿滴滴用补贴拉用户，不到半年，100 万元融资就花光了。

2015 年 4 月，他带着骑游项目的商业计划书见了数十家投资机构。他一开始想融 2 000 万元，后来不断调低期望值，1 500 万元、800 万元、500 万元，结果还是融不到钱。那时是资本行情最好的时候，A 股涨势凶猛，但他一毛钱都没拿到。

“没有投资人认为自行车能做出什么东西来。一听我们做和自行车有关的项目，都没人愿意和我们聊。但我们内心深处就觉得自行车跟互联网结合一定有机会。只是那时候，我们不知道这个机会是什么。”

有的投资人好心提出建议，他觉得有道理，回来就改，不断调整商业模式再出去找投资人谈。像骑游项目这样的失败，他们一共经历过 5 次。

2015年5月初，他结算完上个月的工资，公司账上只剩下400元钱。

“我们要倒闭了。”

戴威开始意识到自己的失败，但他特别不甘。

他从小就是班长。到了北大，他从院学生会主席一直升到校学生会主席。他练过5年足球,4年田径。他觉得自己不该在这个时候退缩，就像他喜欢的足球明星罗纳尔多、C罗，没有哪个不是坚持刻苦训练才有后来的成绩。

这是他人生的至暗时刻。“连续被教训两个月，非常受伤，再有热情的创业者也会迷茫。”

他整夜睡不好觉，凌晨一两点骑着自行车压马路，思考自己为什么创业。“很多年轻创业者的心态跟我那时候差不多，就是为了面子：周围人都能融到钱，为什么就我们不行？心态非常浮躁。”

作为北大曾经的风云人物，戴威有着自己的思想包袱。直到公司濒临倒闭，他才彻底将这个包袱扔了。

“我们非常关注外部反馈，特别在意别人的评价，反而忽略了真正的思考：我们到底希望解决的问题是什么。别人怎么说不重要，别人融不融资不重要，市场环境是什么样不重要，重要的是我们自己怎么想。原来的感觉是outside-in（从外到内），让所有信息进来，我们感觉自己活在了一个趋势里；后来我们转变为inside-out（从内到外），我们怎么想的就怎么跟别人说，我们坚定做这个事情。”

这种心态上的变化，是戴威眼中创业前两年最大的收获。

他决心调整方向。一旦确定目标，问题就从无解变成有解了。对戴威而言，这种感觉就像做数学题，隐约觉得能做出来，但就卡在关键一步，既痛苦，又有一点点的兴奋在里面。

他反复问自己，自行车到底能解决什么最底层的痛点。他想起自己大学四年丢了5辆自行车的经历，由此想到可以收集自行车进行共享，同学们出门看到车就可以骑，骑到哪放下就可以不管。

这种带着理想主义色彩的想法，可能是中国共享单车最早的概念雏形。后来的竞争对手摩拜，两年后才在上海正式登陆。

想清楚了就去做。他跟很多北大教授、同学、朋友去聊这个想法，但大家都觉得这个想法太不靠谱，三天之内公司肯定倒闭。

他有自己的笃定。他又跑去找当初借给他 100 万元的师兄。“以后无论如何我会还，你再借给我 100 万元，我们就是要做这件事。”

仅仅过了 5 个月，这 100 万元又花完了，而 ofo 还是融不到钱，他只好又借了 500 万元。至此，24 岁还在念研究生的戴威背上了几百万元沉甸甸的债务。

熬过了 2015 年负债前行、艰难度日的时期，2016 年，共享单车风口骤起，ofo 终于迎来开挂时刻。

他依然喜欢骑车。2017 年 7 月，他带着 ofo 高管团队去青海湖团建，一天骑行 150 公里。这是他表达决心的方式。

“我觉得创业和骑行非常像，一个人骑可能骑得更快，但是一群人骑才能骑得更远。在骑行过程当中，我们会遇到各种各样的困难，比如车闸坏了、爆胎了等。一个人骑行带的工具是有限的，是不足以支撑全部路程的；而一队人骑行，每个人带一个工具，我们整个团队就能应对骑行过程中遇到的困难。创业也是这样，每天面临困难和挑战，但是我们团队有不放弃的精神，有解决问题的力量。”

“把油门推到底，再把仪表盘拔了，忘记速度，忘记恐惧”

ofo 成立之初，戴威最朴素的愿望就是给青海高原上的当地人带来生活上的便利。“我们支教的学校规定、家距学校 10 公里以内的学生是不准住校的。好多同学上学走两个小时，放学再走两个小时回家。如果有自行车，他们半个小时就到了。”

谈到未来，戴威希望 ofo 能投放到印度，投放到非洲去，给更多人带来生活的便利。

现在，谁也说不好共享单车这个被冠以“中国新四大发明”的行业的未来。第一梯队的老牌玩家摩拜单车“卖身”美团，后起之秀哈罗单车投靠阿里，主动放弃验证可能性。戴威的“独立宣言”，构建了共享单车行业最后的想象空间。

“我这几个月思考了很多，我自己很有信心，大家都说这个模式不赚钱，但我觉得 ofo 会带着这个行业往前走。我们现在已经行动起来了，差不多半年到一年的时间，会把这些思考转化为实际的行动。”

这种从单车共享经济衍生出的创新商业模式，如果被验证可以独立实现，那将为中国未来的商业实践提供更多的可能性。对众多创业者来说，这更是把一道无解题算出答案的可能性。

或许已经到了戴威所设想的“在油门推到底还不够的情况下，我要把仪表盘给拔了，忘记速度，忘记恐惧”的时候——2018 年 5 月，ofo 内部组建区块链研究院，大胆试水区块链；早期布局的海外业务也进入第二战略阶段，由戴威直接负责。

这个表面看起来温和、儒雅的掌门人，早已做好了为独立而战的准备。

他还有更大的野心。“到目前为止，中国的互联网企业还没有一个是真正影响世界的，我认为 ofo 有这个机会。终有一天，ofo 会和谷歌一样，影响世界。”

创业就是人生，但创业是一个百倍快放的人生。以被加快百倍的速度看自己的成长和发展，就戴威而言，他已经是这个时代最伟大的青年创业者的代表。

一家企业是不是创业的终极，谁都没有答案。这个坚持独立的年轻 CEO，经历了一轮又一轮的洗礼，在一次又一次的艰难选择中坚定自己的方向。他俨然已蜕变成一个有担当的成熟企业家。

在电影《至暗时刻》中，丘吉尔有这样一句台词："没有终局的成功，也没有致命的失败，重要的是继续前进的勇气。"

戴威不缺勇气。

对话

×

戴威

戴威与 ofo 的 2017 年：快、思考、无限游戏

记　者：怎么看你自己的 2017 年?

戴　威：2017 年是公司历史上、也是我个人成长过程中非常重要的一年。在这一年中，我经历了自己也比较迷茫的快速扩张，到逐渐发现自己、发现创业新阶段的思考过程。

记　者：你是怎么发现这个变化的?

戴　威：这个变化不是被发现的，它不是一个顿悟的过程，而是我们在长达 4 个月左右的时间里慢慢理解的，是我们在遇到困难、遇到挑战时，不断调整，然后慢慢回头看，才明白的。

记　者：如果用一个词来总结你的 2017 年，会是什么?

戴　威：快。2016 年、2017 年过得都很快，但 2017 年是把油门踩到底，太快了。

记　者："快"带来的问题是什么?

戴　威：深度思考不够，单纯追求规模的增长。对每个人的工作而言，快是非常重要的。但是从整体来看，不能只踩油门、加油，有时候还应该加点机油，做点维护，停下来，让车凉一凉。有时候慢就是快，一直使劲儿踩油门往前开，也容易出问题。

记　者：但是开到一个时速之后，想停下来也要很长时间?

戴　威：对。我现在的切身感受就是，创业最难的是你（怎样才能知道）什么时候该快，什么时候该慢。把油门踩到底容易，但想要收放自如就难了。比如我想要慢一点的时候，踩刹车就可以，而当我把油门踩到底还不够的时候，要把仪表盘拔了，忘记速度，忘记恐惧。要做到这一点其实是很难的。

人都有惯性。比如在创业早期，每天都要面临生存的压力，处于比较保守的状态，那个时候是快不起来的。但是一旦到了某个节点，比如 2016 年 5 月 B 轮融资的时候，我们就应该提升速度了，但我们那时很恐慌，不知道未来是否还能筹集到资金，所以错过了近半年的快速推进期。到了 2017 年，我们的发展速度确实提升了，但我现在觉得，从当年六七月份开始，我们应该有意识地主动控制一下整体的节奏，为后面的发展打下更坚实的基础。但当时我们处于一个加速过程，想迅速冷静下来思考，还是有挑战的，这个节奏真的不是太好把握。

记　者：“快”具体带来了哪些问题呢?

戴　威：从早期到中期的快速增长过程中，有些东西是可以被逼出来的。比如在订单中从 100 万份增长到 500 万份的这个过程中，体量到了一定程度，有些事情自然就有人去做了，这会倒逼组织架构的提升。但是从中期再往后，还是要主动建设组织架构，要不然组织就会臃肿，就会失去效率。只有组织架构跟得上企业发展速度，企业才有可能真的发展壮大。

记　者：2017 年下半年，你自己内心的感受是什么？

戴　威：客观来讲，对当时的我们来说，挑战还是很大的，我们情绪的起伏波动也很大，可能这周很有信心，下周又没什么信心了，再下周又信心百倍了。我们每周都进行艰苦的思考，根据自己的感觉做判断，做决策，然后看反馈、看结果，再调整，再往前走，这是一个走两步退一步的前进过程。

当时我们内心的想法还是非常清晰、明确的，因为都是需要立即处理的事：关于合并的讨论，关于公司融资继续独立发展的讨论，关于商业模式的思考，交织在一起，必须要处理。但是我已经很难去描述那段时间具体的感受了，就像一个软件的新版本覆盖了旧版本的时候，设计人员是不太会记得研发旧版本时思考的细节的。

记　者：这段时间有没有一个特别的时间节点？

戴　威：现在回想，我觉得没有一个特别的节点，从 2017 年 10 月、11 月到现在，是一个被逼着进行很多思考的过程。这个过程比我之前所思考的要深刻，之前的思考更多还是在战术层面，而这几个月在外部环境的帮助下，我们不得不开始寻找内心的答案，做更长远的打算，让眼前的决策兼顾初心和最终的理想。

记　者：得知摩拜被美团收购，你是什么感觉？

戴　威：其实说实话，我们是觉得有一些可惜的。从我的角度看，我们和摩拜的关系很像当年的牛顿跟莱布尼茨，两个人不约而同想到了微积分，各自默默做了一年多，然后碰到了。我觉得摩拜是一个非常好的竞争对手，大家在竞争中不断成长，不断完善，但更多的还是互相促进，竞争只是表象。

记　者：你有没有预料到这个结局？

戴　威：我觉得远远没到结束的时候，而且可能不会结束。最近网上有一个词很火，叫“无限游戏”。不要看到某个时间点，就觉得这件事情结束了，还是应该扎扎实实地根据每天、每月、每季度、每一年的发展去定目标，然后踏实前进。

记　者：现在任何人也说不好共享单车的未来。面对未来，你会焦虑吗？

戴　威：更多还是执行层面的焦虑。我觉得这几个月我还是做了很多思考的，是非常有信心的。我们现在已经开始行动起来了，需要差不多半年到一年的时间，就能把这些思考转化为实际的行动和产品。大家都说这种模式不赚钱，但我觉得 ofo 会带领这个行业往前走。

改变与坚持

记　者：你之前说自己是一个内向的人，但是你又做北大学生会主席，又去创业。

戴　威：我觉得人的性格不是绝对的。有一种说法是：对你是内向还是外向的判断是你的能量来源。通过这个方法判断，我确实是内向，我的能量来源于我的独自思考。我最喜欢坐长途飞机，而且是一个人坐，比如去美国或欧洲，十多个小时的行程，一个人坐在那里，手机也不开，那个时候会想清楚很多事情。我觉得这是一种获取能量的方式。

外向的人是需要大家聚在一起聊的，这是他获取能量的方式。我确实也挺愿意跟人交流的，去表达自己的想法，包括创业、搞学生组织。

记　者：经历了这么多，有没有让你内在的性格发生了变化?

戴　威：有一些。我是一个非常愿意相信别人的人，人家说什么我都相信，但现在我会更多地站在别人的角度去思考他们为什么会这么说，他们是不是真的这么想。

另外，一年前我觉得什么事情都很容易，现在我发现很多事情比想象的复杂。之前很多事情有很大的偶然性，如果倒回去看我们做过的这些事情，我们走的每一步都有很多思考不全面的地方，只是我们运气好。我们不能假设未来会一直运气好。

记　者：你觉得 ofo 前期的成功是跟运气相关的吗?

戴　威：肯定相关。我觉得有同样想法的人应该很多。当时作为大学生创业团队，我们没有那么多思想负担，直接就开始做了，比很多人往前走了一步；然后我们又碰到了很好的天使投资人，公司还能继续活着；再后来金沙江创投找到我们，给我们投了 A 轮，介绍了后面很多投资人，我们才走上了发展的快车道。

此外，我觉得我们是一个永不放弃的团队，这可能跟运气是相辅相成的。共享单车是我们第六个关于自行车的创业方向，前面五个都没有成功，公司还一度破产，员工工资只有几百块钱，房租都交不上。那时作为在校大学生，我们居然有决心和勇气找投资人借了 100 万元，自己做抵押担保。其实（那时候）我们什么也没有，但我对投资人说，以后无论如何我会还，你再借给我

100 万元，我们就是要做这件事。永不放弃的精神支持着我们度过了早期很坎坷的一年半时间。到现在，永不放弃的精神还是我们创始团队最重要的品质之一。

记　者：好多创始人创业时都是单打独斗的，而 ofo 是五个人一起创业，这算运气的成分之一吗？

戴　威：我觉得肯定是。我们几个人的默契超过了普通的同学之情、同事之情，甚至合伙人的机制。我们彼此信任，对每一个人都是完全信任。我觉得这是最宝贵的财富。

记　者：你们之间有讨论过利益分配的问题吗？

戴　威：基本没有。大家刚决定一起做些事情的时候，有过股权分配，后来就再没有人提过这方面的问题。

记　者：有没有在某个时刻，你们中间有人想过放弃？

戴　威：没有。我觉得我们团队没有思想包袱，就是不忘初心，为之奋斗，不会患得患失，很纯粹地坚持理想。

记　者：在这样的年纪，你做成了这么大的一件事情，你觉得自己站在了时代的风口上吗？

戴　威：我觉得共享单车这个风口肯定不是等来的，是大家坚持思考，勇敢实践，最后找到了一个老百姓都需要的服务，而且这项服务是全世界首创，具有原创精神。我对此是有一种自豪感的。我觉得不必等风来，我们自己要发挥永不放弃的精神，找到真正能解决问题的办法。

支教、创业与理想主义

记　者：大学毕业后为什么选择去支教？

戴　威：我高中毕业就想去支教，一直有这个愿望。直到 2012 年 9 月，当时我上大四，还想再读研究生，那时觉得自己好像一直在学习，对更广阔的世界有一种向往，一咬牙一跺脚就申请了去支教。被录取之后，我才跟家里人说，本科毕业要去支教一年，回来再读研究生。

记　者：你支教之前去过青海吗？

戴　威：没有。我跟品杰（ofo 联合创始人）一起申请去青海大通县，去了以后发现那里真是比我们想象的还要艰苦一些。每天早上自己打一桶水，晚上回来只能刷牙，不能洗脸，周末到县城花 10 元冲个澡。冬天零下 25 度，室内没有暖气，夜里睡觉不敢翻身，上个厕所回来就睡不着了。能吃的也很少，中午 3 元买 6 个土豆，把皮剥了，蘸盐吃。要不就是用 80 多度的水煮面片，我们吃完经常拉肚子。有时我们周末到县城餐厅，每人花 150 元，花掉攒了一周的饭钱，太饿了。

那段时光回想起来真的很难忘，我跟品杰一起，他教英语，我教数学，一年的革命友谊，回来又一起创业。

记　者：你当时买了一辆自行车骑到西宁城里？

戴　威：对。也是拉着品杰一起。我觉得来回坐公交车很慢，因为公交车很久才来一趟，开得也慢。我就到西宁买了一辆自行车，在海拔 2 800 米左右的高原上骑 60 公里回学校。品杰有一次陪我骑，因为高原反应歇了好长时间。后来，我们离开青海的时候还把那两辆自行车寄回了北京。

记　者：北大研究生毕业后，你没有想过直接进投行吗？

戴　威：其实，我从支教开始就没想去投行了。我跟一些去投行的同学也聊过，觉得好像还是支教更有挑战一些，更能感受到自己的力量和对社会的价值。最后创业成功也是阴差阳错，因为想到共享单车项目的时候，我已经基本决定关闭公司去找工作了，最后试了一把，没想到做起来了。

记　者：你们常说不忘初心，这个初心是什么？

戴　威：我们当时支教的时候就有一个很强烈的感受。我们支教的学校规定家距学校 10 公里以内的学生不准住校，好多同学上学走两个小时到学校，放学再走两个小时回家。当时，我就觉得这太浪费时间了，如果有辆自行车，单程半小时就到了，每天能省三小时。

那时候，我们虽然局限在一个小山村里，但是决心要做全球化的服务。我觉得自行车代表的是一种健康的生活方式，一种环保的交通工具，一种积极坚定的人生态度，因为要想自行车不倒，只能不停地去蹬踏。这跟人生是一样的，很多时候就是坚持，坚持自己的理想、兴趣，遇到困难也要勇往直前。

记　者：能回忆一下你们在徐小平老师家那个夜晚的故事吗？从公益走向商业。

戴　威：那是一个转折。2014 年 10 月，我们刚支教回来，虽然 ofo 的名字注册了，但还没下定决心创业。当时，我们手头忙着一个支教时注册的名叫“西部愿望”公益项目。

当时，我们去徐老师家是参加真格基金的一个活动，本来想说这个公益项目能不能向徐老师借点钱。当时我很骄傲，觉得自己帮了好多人——建了五人制篮球场，带了差不多 50 多个孩子到北京来，资助了好几个足球队。但徐老师说：你先创业，等创业成功有社会影响力了，你的朋友圈也变得更厉害了，到那时你再做公益，可能一下就募集 500 万元资金，可以帮更多人，只要你的初心还在。

当时，我们还是学生，募集资金都是 5 000 元、1 万元的来，确实影响有限。当时正好国家在推行创新创业，我们想试一试，也不违背做公益的初衷。

我们的运气也很好。当年的 10 月底，我们的天使投资人开始准备投项目，通过北大的一个实习生找到我。11 月初，他就答应给我们 100 万元，我们真正拿到 A 轮投资是 2016 年春天了。从 2014 年年底到 2016 年春天之前的这一年多时间，我们过得还是非常痛苦的。当时，我们根本不知道什么是创业，试了很多方向，也没有投资人认可我们的自行车项目，一听我们做的是自行车项目，他们都没有给我们见面的机会。但是我们内心深处就觉得自行车跟互联网结合，一定会有机会。

记　者：“西部愿望”现在的规模是多大？达到你之前预想的一年募集资金 100 万元的目标了吗？

戴　威：这个项目现在一年能募集 200 多万元，发展得还是不错的，辐射范围也不只在我们支教的那个县，现在能辐射七八个省，100 多个贫困县，资助的足球队加起来可能有 40 支，这些足球队还参加了全国分年龄段的足球联赛，其中有一个队曾踢进全国前八。

记　者：这种理想主义的创业态度跟你的成长有关系吗?

戴　威：我在安徽长到 15 岁，高中时到北京读了人大附中，然后在北大上大学，我在北京上学的时间加起来有 10 年。这 10 年给了我很多思考，我首先要求自己要有理想，每个人都应该去追寻自己的理想，并且把自己的理想跟国家的发展、社会的进步联系在一起。

记　者：你这么年轻，有无限可能性，如果有一天离开了 ofo，你会去干什么?

戴　威：我觉得任何人都会离开自己创办的组织。对我来说，更重要的是看到 ofo 以及它所代表的精神能够服务更多人，影响世界，这是我的终极理想。我希望有一种保障机制，能够充分激发组织里每一个人的动力，并且在创始团队退出之后，这个组织还能继续影响一代又一代的人，影响社会，影响人类的发展和进步。我觉得这是非常值得努力的事情。

彩蛋

『浴火重生的，才是凤凰』

—

是时代成就了人，还是人成就了时代?

他们不约而同地承认：有的人是天生的创业者。

除了前面出现的几位，互联网的 10 年创业史还有很多精彩。

有的人连续创业，终于踩到了时代的鼓点。

千禧年初，地产行业正热，周坤开始了自己的第一次创业，做与地产相关的数据处理。找到方向后，他的事业发展得非常快，他挣到了第一桶金，拿到了百万元级别的订单。

但 2015 年，他从这家公司退出，开始了第二次创业，做基因领域数据化验分析。

那时他觉得，基因相关领域的数据化检验分析将是一片蓝海。

跨领域创业是非常不易的。就是这次，他感到全世界的质疑和困难都向他砸来。

“生命科学是个新领域，如果只是客户质疑我还能理解。可我的供应商在质疑，员工也在质疑。最后，连我自己都开始怀疑，跨界进入这样一个领域，是不是真的能做好。”

周坤有自己的办法。他不断把自己的想法砍断，“不想那么多，不问那么多问题”，就持续专注这件事。后来他发现，越安静，做事的速度越快，越心无杂念。

经过静心潜修，他完成了跨界。由他主导的 23 魔方也被越来越多的人所熟知。

周坤感到兴奋。生命科学正在高速发展，他认为自己站到了一个时代的风口上。

二

认为自己被时代选中的，不止周坤一人。

有的人从小事中发现了创业路上亘古不变的道理。

董俊有 5 年华尔街跨国银行工作经验。曾在以色列第一大银行任结构投资经理，管理超过 40 亿美元的资产。考过美国特许金融分析师（CFA）、美国认证管理会计（CMA）、美国认证财务经理（CFM）；拥有中欧国际工商学院 EMBA 学位、美国康涅狄格大学 MBA 学位。

即便如此，他说，真正影响他的是两件小事。

第一件是他从云南大学毕业后，家里把大部分积蓄拿来供他留学。

他带着兑换来的几万美元，看着父母送别的身影，感触颇深。那是他第一次出国。

第二件是毕业后工作上的一次经历。

一位同事在帮客户完成一桩交易后，发现多出大概两百万美元的利润。

这其实是定价的时候，对方定错了。而且这个交易已经完成，从合同角度来说是完全没有问题的，但这位同事还是选择给对方打电话，跟对方坦陈，指明了错误。

对于刚从学校出来的董俊来说，他第一次意识到，只有这样才可以建立长期的口碑和品牌。以至于在之后几十年的岁月中，他都坚信，一些微小的地方才是真正的闪光点，真正的价值观从小事而来。

董俊于 2008 年回国创业，创立了恒信悦华。在创业过程中，他被困难反复摔打过几年。2012 年，他二次创业，创办了以互联网金融为方向的公司——积木盒子。

董俊既稳又准，他认为这些由小事构成的价值观给了他更长久的力量。

三

有的人偏偏不走寻常路。

同样是海归的刘伟俊更不走寻常路，他一身匪气。

他曾先后就读于英属哥伦比亚大学、香港大学、帝国理工、多伦多大学，分别获得金融与物流双学士学位、金融学硕士学位和经济学硕士学位。拥有众多知名高等学府学位的他，在那个创业还被认为是个体户、流民的年代，放弃了投资银行这样的高薪工作，走上了创业的道路。

受在乡镇车队工作的母亲的影响，刘伟俊选择了交通类行业。2012 年 9 月，刘伟俊创办了赣州泊远信息科技有限公司。不到 3 年，这家创新型科技企业已成为江西最大的公路交通信息一体化以及智慧城市解决方案的服务提供商。

2015 年 7 月，刘伟俊及其团队抓住当时驾培行业的痛点，开展全新的互联网驾校项目——趣学车。

从精英海归，到去中国最底层、最原始的商业环境中摸爬滚打，他的创业之路并非一帆风顺。

最早去和驾校校长谈合作的时候，对方直接把合同撕碎扔在他的脸上，让他滚。而刘伟俊却说：“你是让我走，还是让我在地上滚一圈？”对方哭笑不得，最终答应了合作。

在面对投资人的时候，他把这种厚脸皮的精神继续发扬光大。在投资人都认为驾校很低端的时候，刘伟俊为了拿到投资，在2015年的某一天，只身一人背包北上，就住在火车站旁的快捷酒店。

彼时，刘伟俊的老婆在北大读书。他们漫步在中关村大街上，那天北京的天气很好。但在他印象中，天上却风起云涌。他突然感觉到北京已经不是一个城市了，而是一个战场。

没有办公空间，他就去赊工位；招不到合伙人，他就从老家“忽悠”人一起来做事。

后来的他回忆起这段岁月时说，生活和创业不会一直这么难，只会越来越难，而且他发现，人生中没有过不去的坎儿，只有过不完的坎儿。

即便如此，他仍说：只有在幻想、在创业时，我才能感受到自己的存在，不管创业是成功还是失败，是苦难还是幸福。他觉得自己只能在创业的环境中体验失败和成功，才能感觉到使命的鲜活和存在感。

四

有的人给自己的定义是陪伴者，比如曹国熊。

多年以前，曹国熊还是一位普通的高二学生，刚完成了厚厚的一部手写《太平天国历史研究》。那时的他，绝不会想到 20 多年以后的自己会成为全球知名投资公司的合伙人，会拥有今天的财富和社会地位，成为一个成功人士。

早些年的曹国熊像大多数年轻人一样，把实现财务自由作为工作目标。而真正实现了财务自由的目标之后，他就希望自己能够帮助更多的人。等到这个目标也实现了，他依然在寻求更高的目标，想做一些自己真正喜欢的事，甚至想有一些新的创造，并把这些创造和投资结合起来。

3 年前，头头是道基金创立。曹国熊和他的团队相继投资了 90 多家泛文化企业。这些投资完成，他希望成立一家文化公司、产业公司。带着学生时代起对文化产业的喜爱，他希望构建的是一个行业的框架。

五

还有人不光在创业，还在扶持着创业的伙伴。

在曹国熊创业的前一年，蔡华启动了他的泛创业人群聚集平台项目。

仅 2017 年一年，就有 600 多万中小企业注册。风口之上似乎所有人都想创业，但成功走过来的人少之又少。对创业者而言，成功是偶然的，时代是必然的，即使他们知道这个结果，依然选择出发。

蔡华是个工科男，工科男总习惯性地去想怎样通过自己的努力去改变产品、改变模式；工科男的焦虑也更强，因为明明想得很明白，但执行中依然有很多不可控的地方，市场不可控，消费者不可控。但在摸索过程中，他在一点一点进步。

蔡华从投资跨界做创业资源整合，总被问到是喜欢投资还是喜欢创业，他的回答是创业。“让我印象深刻的是，在谈判的时候，作为投资人团队的我们是 80 后，另一边坐的是 60 后的投资标的公司负责人。我们对商业和资本的了解还没有他们深厚，交谈的时候很不对等。”

“我心中的创业者，应该在属于自己的舞台上尽情地展示自己。让真正欣赏我的投资人能看到我、联系我、投资我。我心中的投资人，也应该有一个属于自己的舞台，能尽情地展现自己的睿智，让优秀的创业者与自己相知相吸。”

2014 年 8 月，蔡华创办了专注创业的社交平台——微链。创建微链的初衷，被蔡华深情地阐释为内心深处的一份坚持。

六

所有的创业者，似乎在内心都有一种冲动，想去改变一些事情。让自己的创造力为社会带来更有意义的改变，同时获得个人成功，这是大多数创业者的驱动力。

坚持下来的人，是给生活源源不断提供惊喜的人。

这些无畏的创业者们，一边奋斗一边挑战，在不可能中创造奇迹。

每个过程都像涅槃。

焦虑永远伴随着我们。

在每个人都焦虑的时代，他们却为焦虑感到兴奋。创业的过程就是一个焦虑、兴奋、焦虑、兴奋，不断循环的过程。

对创业者而言，创业是一种生活方式，一种骨子里的生活方式。

改革开放 40 年，逐渐形成了一种相对宽松的社会环境。它让人走出来的可能性提高了，希望可以做事的年轻人在这样的环境中不断地被洗刷出来。趋势和机会对创业而言至关重要。他们感谢这个时代，而这个时代，也感谢他们。

对燃烧自己的创业者而言，浴火重生的，才是凤凰。